ליאת פיליפסון / **הזכות להאיר**

ליאת פיליפסון

הזכות להאיר

מדריך מעשי למסע הרוחני

Liat Philipson

ENTITLED TO BE ENLIGHTENED

הוצאה: רוחניות מעשית

עריכה: ענת בר לב אפרתי
עימוד: שרית רוזנברג
עיצוב כריכה: עינת שמשוני

Printed in Israel 2024 | 2024 נדפס בישראל

ISBN 978-965-597-021-0 מסת"ב

כיצד הגיע הספר הזה לאוויר העולם?

ים תמיד מרגש אותי והוא עבורי מקור של השראה ושלווה. אחד הזכרונות המתוקים ביותר מילדותי הוא חוויית הקמפינג בסיני, על שפת המים בנואיבה, כשהייתי ממש קטנה ולפני שנולדו שלושת אחיי. אני זוכרת בבירור את תחושת הביטחון של השינה באוהל מכורבלת לצד הוריי, ואת הקימה בבוקר היישר אל הים, עם ריח המלח באוויר, צליל הגלים ברקע והכחול שצבע את השמיים האינסופיים. החוויה הזו הפכה ליסוד חשוב בחיי, והמשכתי לשמר אותה גם עם ילדיי, כשהקמפינג בים לפחות פעם בשנה הפך למסורת משפחתית. נדמה לי כי החיידק הזה, האהבה שלי לים ולמים בכלל, הועבר לכל בני המשפחה וכולנו נמשכים אל המים, בכל תצורה שלהם.

בעולם המדיטציה קיים מושג שנקרא "המקום השמח שלי" (My Happy Place) – אותו מקום פנימי שאליו אפשר להגיע תוך שנייה ולמצוא שלווה ואושר אינסופיים, בין אם מדובר במקום פיזי אמיתי שבו היינו, או שראינו אותו בסרט או בדמיון. המקום הזה עבורי הוא תמיד הים – בין אם בנתניה, בתאילנד או בקאריביים. הים הוא הבית שלי, המקום שבו אני מתחברת אל עצמי בצורה העמוקה ביותר.

כתיבתו של הספר הזה החלה בים, בחוף פולג בנתניה, לפני למעלה מעשור. אף אחד לא הכין אותי לרגע הזה, שבו אתחיל לשמוע את "הקול" ולקבל במעין הכתבה רצף של מידעים, מסרים ושיעורים שנקראו: לימודי הנשמה.

במשך שנים, הייתי מגיעה בימי ראשון בבוקר להעביר שיעור יוגה מול הים. מייד כאשר סיימתי את השיעור, הייתי נפרדת מתלמידיי הנפלאים, אורזת את הציוד שהבאתי מהסטודיו, מחזירה אותו לרכבי וצועדת קרוב לקו המים לשבת במדיטציה, להסתכל על המים, הגלים, הים והשמיים ולהתמלא באנרגיה להמשך היום והשבוע.

בדרך כלל, הייתי מביאה עימי בקבוק מים, מחברת ועט, כך שיכולתי בסיום המדיטציה לכתוב רשמים שעלו לי, חווית שחוויתי, או כל דבר אחר. עצמתי את עיניי, צללתי לתוך מדיטציה וכתמיד, הייתי חוזרת אחרי המשפט הקבוע שלי שיצרתי ואשר מבוסס על לימודי התטא הילינג שעברתי מיסודה של ויאנה סטייבל (תטא הילינג, ויאנה סטייבל, הוצאת מעוף 2010.)

"בורא כל שישנו, הרי זה מצווה שתדר האהבה האינסופית ותדר הרקיע השביעי יחלחלו לכל תא ותא בגופי כעת, ולגופם של כל הברואים כולם. ושהמסר, הגבוה, המדויק והנעלה ביותר עבורי, יגיע אליי כעת. תודה. זה נעשה זה נעשה, זה נעשה."

ואז יום אחד, זה פשוט קרה. התחלתי לשמוע את הקול, שנשמע כאילו הוא מגיע מאחורי אוזני הימנית, אבל לא קולי שלי. אולי היה הוא יותר כמעיין מחשבה, אך לא המחשבה שלי, עם מסרים ברורים שאותם התחלתי לכתוב במחברת, בכתב יד מרושל, בעיניים עצומות.

פריידי מרגלית, מורתי האהובה, מייסדת מרחב מודעות וחוקרת התודעה, קוראת לזה: "אלוהים באוזנייה". אז, עוד לא הבנתי שגם לי יש כזו אוזנייה, וגם לך יש – חיבור ישיר עם הבריאה. תהליך ההתגלות הזה החל בדיוק כך, בשנת 2013, כאשר קיבלתי סדרה של שיעורים ומסרים ברצף, שנקראו "לימודי הנשמה." הם היו מתומצתים מאוד, קצרים, אך מדויקים ועמוקים. נראה לי שאז לא באמת הבנתי את מהותם. המסרים נשמרו במגירה, כמו שירים וסיפורים רבים שכתבתי בצעירותי ושמעולם לא שותפו עם העולם.

תהליך ההתגלות וההתעוררות הזה הלך והעמיק, התרחב וליווה אותי מאז ועד היום.

בעקבות המעבר לארה"ב בשנת 2014, זנחתי מעט את יכולות התקשור וכתיבת המסרים, שכן הייתי עסוקה בהתאקלמות שלי ושל המשפחה במדינה החדשה ובפתיחת פרק חיים חדש בסיפור חיינו. כאשר פתחתי את קורס המדיטציה הראשון שהעברתי כאן, הקראתי מדי שבוע לתלמידותיי מהמסרים המקוריים והם ריגשו אותי. אט אט התחלתי להבין מעט יותר את עומקם ואת המתנה שהייתה טמונה בהם לא רק עבורי.

וכך זה המשיך, העמיק והבשיל בתוכי. לפני כמה שנים התעוררתי בוקר אחד עם השם של הספר שייצא לאור ויכיל את מכלול המסרים ופרטי המידע על איך לחיות פה את החיים הללו, לא רק בעבורי, אלא גם בעבורך: מעין מדריך לצעידה בכדור הזה, שאותו לא קיבלנו כאשר נולדנו. השם שהופיע הגיע באנגלית: Entitled to be enlightened וכמה שהוא ריגש אותי, הוא גם גרם לי לבלבול ולעיכובים נוספים, שכן מדי פעם הגיעו המסרים באנגלית, אך לא חשתי שהם עמוקים דיים ובשפה איכותית מספיק.

ואז, הגיעה מגפת הקורונה, ובעת שכל העולם עצר, עצרתי גם אני מהעשייה המרובה בחוץ, וצללתי פנימה לעשייה שקטה ולצלילת חקר בעומקי ובנבכי הנשמה והתודעה שלי. קראתי, למדתי, הטמעתי ותרגלתי עם מיטב המורים הרוחניים בעולם, עברתי תהליכים משמעותיים שהשפיעו עליי ועל הסובבים אותי וחזרתי לכתוב באופן רציף, ולתעד את המסרים שהחלו לזרום בקלות רבה. הם היו צלולים, בהירים וברורים יותר מתמיד.

בדצמבר 2023, בתרגיל מסכם באחד הקורסים של רוחניות מעשית עם מוריי האהובים ז'איט ואורי פדר, במסגרת לימודים באוניברסיטה הקוונטית שבהם השתתפתי, התבקשנו לבחור משהו פיזי אחד קטן, המקדם אותנו לעבר מטרה אחת גדולה שהיינו רוצים להגשים בשנה הבאה. היה לי ברור מה אני רוצה להגשים בשנת 2024. קמתי וניגשתי

מייד אל ספריית העץ היפה בסטודיו שלי, שבנה בן זוגי ביחד עם סבא הלל שלי ז״ל, ואשר הכילה את אוסף ספרי הרוח והתודעה שאגרתי בעשרים וארבע השנים האחרונות. שלפתי את הספר האהוב עליי של מורתי, פריידי מרגלית – ״גן עדן זה כאן״ ומייד יצרתי קשר עם העורכת שלו, דנה נעמי בן שלומי, כדי להתחיל את התהליך הארוך של הוצאת הספר לאור. והנה אנחנו כאן.

פתח דבר

כולנו יצורים מוארים. נקודה

סבי, הלל כהן, לא נשאל כילד בשואה מה הוא רוצה להיות כשיהיה גדול. הוא נולד בהונגריה בתחילת המאה ה־20, והיה נער צעיר בשלהי מלחמת העולם השנייה והכיבוש הנאצי. כדי לשרוד במחנה הכפייה שאליו נשלח עם אביו, בפאתי וינה שבאוסטריה, הוא היה חייב להמציא את עצמו מחדש שוב ושוב.

אם הנאצים חיפשו טבח, הוא התנדב. כשהם רצו סנדלר, הוא קפץ. לצבוע צוללות, הוא נבחר. מיותר לציין שהוא לא ידע דבר וחצי דבר על בישול, חיבור סוליות למגפי הנאצים, או צביעת צוללות עם חומר רעיל במיוחד שאלו שנשמו אותו מתו כמעט במקום, אבל משהו חזק ממנו, ממעמקי נשמתו, העניק לו את התושייה, ההתמדה והאומץ להתנדב ולעשות את כל הדברים הללו ואולי בזכות כך גם למצוא חן בעיני מפקד המחנה. כל אלו אפשרו לו, גם בתנאים הכי קשים ובלתי נתפסים, לשמור על אורו הפנימי, ולהאיר ממנו החוצה.

הוא פיתח שיטה להבריח מזון ותרופות מדי יום, דרך אספקת האוכל למטבח של המחנה. באחת הנסיעות מחוץ למחנה הוא קיבל הזדמנות חד פעמית מקצין נאצי אוסטרי, שהייתה כמעט התאבדות: לקפוץ דרך חלון שבור לתוך בית, שבו אוחסנו כל תשמישי הקדושה

שנאספו מיהודי וינה, לשלוף שני שופרות ושני מחזורי תפילה, להעביר סט אחד למחנה סמוך ואת הסט השני להגניב למחנה. כך יכול היה אביו הרב לקיים מצוות תקיעה בשופר ליום הכיפורים ולתת תקווה לאנשים הרבים במחנה, לנוכח הידיעות והשמועות שכבר החלו להגיע על השמדת העם היהודי. הוא הספיק לברוח וגם להיתפס, לשרוד עינויים קשים ויום לפני התאריך המיועד של ההוצאה להורג להתאחד עם אביו ולקבל את חייו במתנה.

הוא שרד את הזוועות, עלה לארץ בלא כלום, נלחם בכל המלחמות להקמתה של מדינת ישראל ולהגנה עליה, וכל חייו היה סמל חי ונושם לאהבה ולנתינה, אף שהכול נלקח ממנו כילד וכנער. במובנים רבים, אפשר לומר שהוא היה מואר, או שהתעורר מהאימה הנוראית שעבר כנער צעיר.

מה רצית להיות כשתהיה גדול? מה את רצית?

טייס?

נוירוכירורגית?

רקדן?

עורכת דין מצליחה?

היום, אם נשאל ילדים סביבנו, הם בטח יענו שהם רוצים להיות מעצבי משחקים או מפתחי אפליקציות, או אולי פשוט משפיענים, עם מיליון עוקבים באינסטה או בטיקטוק.

אני רוצה להיות מוארת!

זה מה שכל ילד וילדה, נערה ונער, איש ואישה צריכים לשאוף אליו בימים אלו, בעידן שבו אנו חיים וחיות. אבל רגע, בואו נדייק, אפילו המילה "רוצה" או "שואפת" מיותרת, מיד נבין מדוע.

לפני עשרים שנה, כשהתחלתי את המסע הארוך והמרתק פנימה, בעקבות טראומת הגירושים של ההורים שלי שנפרדו אחרי 30 שנות

נישואין, היה ידוע שרק מעטים, יחידי סגולה, יכולים להשיג הארה בחיים האלה.

אז זה דרש גלגולים רבים (בהינדואיזם ובבודהיזם אנו קוראים לכך סמסקרות) כדי להגיע לשם והיה כרוך בצעדים משמעותיים, כמו עזיבת חיי היומיום, התבודדות של שנים במערה במזרח אסיה או במקום נידח אחר בעולם, וישיבה במדיטציה או בתרגול רוחני אחר לפרקי זמן ממושכים.

ובכן, היום אני כאן כדי לספר לך סוד:

כולנו יצורים מוארים, נקודה.

ישנו סיפור זן ידוע שאיני יודעת מהו מקורו. מסופר על אחד מתלמידיו של הבודהה שניגש אליו וביקש: "מאסטר, אני רוצה להשיג הארה." הבודהה הביט בו בעיניים טובות ואמר, "ראשית, הסר 'אני' – זהו האגו. לאחר מכן, הסר 'רוצה', זוהי התשוקה. מה שנשאר הוא ההארה." התלמיד עמד בדממה, מהרהר בחוכמה העמוקה שבדברי הבודהה.

אנחנו נשמות שבחרו להתגשם בגוף פיזי, כבני אדם, בני אנוש בכדור הארץ – ולא כמו שרובנו חושבים, שאנו בני אדם החווים מעת לעת חוויות רוחניות. האור וההארה הם פשוט כאן בתוכנו, רק חבויים מעינינו הפיזיות.

אוצרות חבויים

בואו נדמיין לרגע שאנו עומדים בתוך חדר חשוך לחלוטין, ללא אור. עינינו אינן רואות דבר והמוח שלנו עלול לחשוב שאין שם כלום. כעת, מה אם אומר לך, שיש שם נר וגפרור בהישג יד? נדליק את הנר, ולהפתעתנו הרבה נראה שהחדר מלא אוצרות: אושר, שפע, סיפוק, הצלחה, בריאות, חמלה, שלווה – כל מה שאי פעם רצית

או חלמת עליו, ודברים שלא העלית על דעתך, מעבר לדמיון שלי ושלך – הכול שם.

אור הנר הוא מטאפורה למה שעלינו לעשות כדי שנוכל לראות ולחוות את כל מה שיש עמוק בתוכנו. האוצרות האינסופיים שבתוכנו עשויים להיות מוסתרים. יכול להיות שאף אחד מעולם לא אמר לנו איך להדליק את האור ולחוות את כל מה שיש כאן ועכשיו.

יש כאלה שיאמרו לך שצריך להתפלל כל יום, לקיים מצווה כזו או אחרת, לעבוד אלוהים כזה או אחר, אחרים יאמרו שיש לצום זמן רב או למדוט במערה ימים או חודשים. זה אולי היה נכון בעבר, אבל היום אני כאן לספר לך סוד נוסף:

כל אחד ואחת מאיתנו יכולים לבחור את הדרך שלנו להארה.

זה יכול לקרות באופן מיידי ופתאומי, או שזה יכול לקחת זמן רב יותר. המסע הוא שחשוב, ולא המטרה הסופית. המטרה הסופית היא סוף המשחק של השלב הנוכחי, כאשר נשאף את נשימתנו האחרונה ונמשיך הלאה לשלב הבא כנשמה.

אז מוכנים לצלול עוד לעומק, לשמוע את הסיפור שלי, לקבל את המסרים והמידעים שיסייעו לכולנו לחיות חיים שבהם נוכל להכיל ולהביא עוד מהאור שלנו – ואז להאיר אותו החוצה לעוד אנשים סביבנו?

כיצד הספר בנוי?

הספר מורכב מעשרה שערים, כאשר בכל שער מובא לרוב התקשור המקורי והתמציתי משנת 2013 ואחריו התקשור החדש והמורחב. משם נשזר לו הסיפור האישי שלי שמסביר כיצד המסרים והמידעים הללו נכנסו לחיי ונחוו בהם. בסיום הפרק מופיעה מדיטציה או אקטיבציה לתרגול עבורך, וכן ברקוד לסריקה שיוביל אותך היישר להקלטת המדיטציה בקולי.

כמה מילים חשובות על מדיטציה ותרגולה

בספרו "מדיטציה וקבלה" (בהוצאת רוח ישראל – ארגמן, 1995, מאנגלית: אריה ואלה רוטנברג), מסביר אריה קפלן שמדיטציה היא אמצעי להשגת חירות רוחנית ושיטותיה המובנות נועדו לשחרר את האדם מכבלי החומריות ולהעלותו לרבדים רוחניים גבוהים. אני אוהבת את ההגדרה הזו, אבל רוצה להוסיף, שהיום מבינה אני כי אין עליי להשתחרר משום דבר, אלא דווקא לאמץ את הרוח אל כל כולי, אל הגוף שלי, אל החיים שלי, אל מערכות היחסים שלי, אל היומיום שלי, לעגן אותה ולגלם אותה.

יש אינסוף דרכים ושיטות לתרגול מדיטציה, אולי כמספר האנשים בעולם, ולכן אנשים שונים יימשכו לתרגולים מסוגים שונים. יהיו כאלו שיעדיפו מדיטציה מונחית או דמיון מודרך, כאלו שירצו רק את השקט, או התרכזות בנשימה או באובייקט מסוים, אחרים שיעדיפו שעה מסוימת ביום, במקום מסוים קבוע שרק בו יש לשבת, בתנוחה כזו או אחרת. היום, אחרי עשרים שנות תרגול רוחני, אינספור שעות מדיטציה, למידה, הוראה ותרגול עם מורים רוחניים בכל העולם וממגוון שיטות ומסורות, איני חושבת שיש לאופן התרגול חשיבות כזו גדולה, מה שחשוב הוא פשוט להכניס את תרגול המדיטציה לתוך חייך.

כיצד לעבוד עם הספר?

הספר הוא מתנה עבורך ולכן אופן השימוש בו כולו בידך. נראה לי כי ניתן לעבוד עם התכנים והמסרים באופנים הבאים, אחד מהם או כולם יחדיו:

הדרך הראשונה היא לצלול לעומק ולקרוא את הספר מתחילתו ועד סופו, כמובן בקצב המדויק לך.

הדרך השנייה היא להתבונן בפרקי הספר בתוכן העניינים, ולבחור בפרק שנוגע לאזור מסוים בחיים שלך, שמאתגר ומבקש כעת ריפוי או התייחסות ואז להעמיק בפרק המסוים, לקרוא את המסר ואת השיתוף האישי שלי ולתרגל את המדיטציה או האקטיבציה.

הדרך השלישית היא פשוט להשתמש בו כמעין מדריך מסרים אינטואיטיבי, באופן הדומה לשימוש בקלפי מסרים: לשאול שאלה, להפנותה אל היקום, אל הבריאה, ואז פשוט לפתוח את הספר בדף ובפרק המסויים שנפתח מעצמו, וממנו לשאוב את התשובה, הכלים והמסרים המדויקים לך באותו הרגע.

גם היום, כאשר אני יושבת בביתי שמעבר לים בקיץ 2024, קוראת ועמלה על עריכת הספר, אני לעיתים חוזרת וקוראת מסרים שהתקבלו דרכי כבר בשנת 2013, והם עדיין מרגשים אותי. זה כאילו עכשיו יושבת אני בחוף הים, במדיטציה, אל מול הגלים, השמיים והעננים, ומקבלת אותם בזה הרגע.

המסרים והמידע כולם תמיד מקודדים לזמן הווה, לרגע הזה, ולמה שהינך זקוק.ה להם כעת. הם "חומר פעיל", כך הייתה אומרת לי חברתי לכתיבה, אלינה מירקין, מי שעימה חלקתי את הכתבים בפעם הראשונה וליוותה אותי לקראת סוף ההיריון של הבייבי המיוחד הזה.

ועכשיו, אני מזמינה אותך לקחת נשימה עמוקה ורכה פנימה.

לנשוף ברכות החוצה כל מחשבה, כל ציפייה, כל אכזבה, כל אמונה מגבילה.

לקחת נשימה נוספת פנימה, פשוט של אהבה.

לאפשר לעצמך להיות האהבה, ולקרוא ולהקשיב מתוך מרכז הלב.

סיפור חיי

לא ראיתי הילות, לא דיברתי עם רוחות או סבתות מתות

אם הינך פה איתי, אני רוצה קודם כל לברך אותך, פשוט משום שהינך מבורכ.ת ככה סתם בלי סיבה, כל הזמן, כל העת, מכל כיוון ובכל דבר שתבחרי או תבחר.י.

עכשיו נתחיל מההתחלה. אין לי מושג מה הביא אותך אליי, אני רק יכולה להניח שהיקום המסונכרן הוא זה שעזר לזה לקרות, ועל כך אני מודה; ושאם הינך כאן, זהו הדבר המדויק עבורך כעת – לא בעבר, לא בעתיד, אלא בדיוק עכשיו.

אולי עולה המחשבה בראשך שמישהי כמוני, שכתבה ספר שכולו הגיע בתקשור, היא רוחנית ומה לזה ולך, ומה זה בכלל תקשור, ואיך זה נוגע אלייך ואל חייך? אז בחרתי להתחיל בתמצית הסיפור של חיי, לספר מה הביא אותי לכתוב את הספר הזה ולשתף אותו עם הבריאה כולה, ולהסביר מה אפשר לעשות איתו, וכיצד להכניס אותו לחייך.

לא, לא היו לי שום חוויות רוחניות כילדה או כנערה. לא ראיתי הילות, לא דיברתי עם רוחות וגם לא עם סבתות מתות. גדלתי בבית די רגיל, באזור השרון, בישראל של שנות השבעים, מייד לאחר מלחמת יום הכיפורים. אבל החיים שלי לא היו כל כך רגילים.

מעט אחרי לידתי, החלה אמי בתהליך גירושין מאבי הביולוגי. מעולם לא שאלתי אותה על כך ואולי כדאי שאעשה זאת, אבל דומני כי ההחלטה התבשלה בתוכה עוד בחודשי ההיריון. פירוק המשפחה שרק החלה את דרכה קרה ממש ממש מוקדם בחיי ועימו הגיעה חוויית נטישה חזקה. חוויה זו הייתה ועודנה הפצע המרכזי של חיי ושל הנשמה שלי, אך היא גם הביאה איתה מתנה.

לשמחתי הרבה, ואולי בשונה מילדים רבים שחווים נטישה פיזית של הורה אחד או של שני ההורים מסיבות שונות ובנסיבות שונות, וחייהם מתגלגלים לכיוונים שונים והם אף עלולים להתדרדר, אני עברתי להתגורר עם אימי אצל סבי וסבתי האהובים, אשר גידלו אותי כבתם ואהבו אותי אהבת אין קץ.

אבל, יש לזכור שסבא וסבתא היו שניהם שורדי הזוועות של השואה, ושניהם חוו בנעוריהם נטישה, פרידה, בגידה, ניצול, מוות של הוריהם, אחיהם ואחיותיהם, ואיבוד כל צלם אנוש. זה היה טבוע בהם במובנים רבים, אם כי עם הגיעם לארץ בחרו בחיים ושמו להם כערך עליון את המשפחה, אהבה ונתינה. כנכדה הראשונה שלהם, בת לבתם הבכורה, זכיתי אני לאהבה ולתשומת לב אינסופיים ועל כך אני מודה להם בכל הווייתי, שכן הטבעה זו גם היא אחת המתנות שקיבלתי ושמלווה אותי כל חיי.

סיוטים בלילות

כאמור, לא היו לי כל חוויות מיסטיות הזכורות לי בילדות או בנעורים. אלו הגיע לראשונה רק בסביבות גיל 36 או אפילו מעט מאוחר יותר. אבל, משהו אחד זכור לי במיוחד, שנכח מאוד לאורך שנות ילדותי ונעוריי והוא: סיוטים בלילות. הסיבה שאני משתפת בכך היא שמשיחות עם הורים ועם ילדים רבים למדתי שהחוויה הזו

נפוצה מאוד ונראה לי כי לעיתים אין אנו נותנים לה את תשומת הלב הראויה.

לכאורה, מה לזה ולחוויות מיסטיות ורוחניות? על כך ארחיב ואספר בשער האמונה. אני זוכרת את הפחד כשאני מתעוררת מהסיוט, שבדרך כלל היו כרוכים בו נאצים, או איום פיזי כזה או אחר, שוכבת במיטתי ואיני מסוגלת לעצום עינים ולשוב לישון, שכן "סרט האימה" מייד היה מתחדש.

אז, הייתי הולכת למיטתם של הוריי כדי לישון ביחד איתם (כן זכיתי באבא חדש, מייד נגיע לשם) והם היו באדיקות מחזירים אותי לחדר שלי. כל שנותר לי לעשות, משום שלא רציתי לעצום את עיניי ולחוות את סרטי הזוועה שוב ושוב, היה להדליק את האור, או לחלופין, להישאר ערה עד שאור ראשון היה מבצבץ בחלוני ואז הייתי חוזרת לישון עד שהבוקר היה מגיע וגואל אותי. אם להיות כנה, הדבר חוזר ומופיע מדי פעם גם בהיותי אדם בוגר, רק שהיום יש לי כלים להתמודד עם התופעה, ובעל אהוב, הישן לצידי כבר 29 שנים ורק חיבוק שלו מייד מאפשר לי לשוב לשינה מתוקה ולמחוק את סרט האימה.

אולי עולה בך המחשבה, ברור, ילדה קטנה שגדלה על ברכי סבא וסבתא ששניהם יוצאי שואה, כל מה שהיא שומעת ונכנס לתודעה שלה יוצא בסיפורי אימה בחלומות. אז דווקא ההפך הגמור. סבא שלי, הלל, שלו קראתי באבא, היה מספר סיפורים במהותו. אני זוכרת שהייתי יושבת על ברכיו ושומעת סיפורי גבורה, סיפורים על אנשים טובים בצד הדרך שעזרו, על בריחה, על עזרה לזולת ברגעים הקשים. מעולם לא סיפר לי סיפורי זוועות, עינויים, או דברים קשים אחרים שהיו מנת חלקי בחלומותיי. סבתי האהובה, חנה, שלה קראתי נאנא, מעולם לא סיפרה לנו דבר. כאילו נעלה את כל עברה, כל קורותיה באותם ימים אפלים בארגז קודר וישן, שהגישה אליו הייתה אסורה לכל דורש, אולי אפילו אסורה עבור עצמה.

משפחה חדשה

אז נחזור לילדותי "הרגילה" כביכול. כשהייתי בת 4 מצאה אמי את אהבת חייה החדשה (גם זה לא היה לאורך זמן, או שמא כן מבחינתה, 30 שנים זה לא מעט זמן). ואני כילדה זכיתי להיות "אורחת" בחתונה של אמי ואבי החדש, שאימץ אותי לכל דבר ועניין והיה אבא נפלא ואוהב.

יחדיו הם הקימו משפחה חדשה, שאני הייתי כמובן חלק ממנה, אך תמיד הרגשתי מעט בודדה. נולדו לי שלושה אחים למחצה, שהיו ועודם אחיי לכל דבר, שכן כך גדלנו וכך גידלו אותנו. אך בתוכי, התחושה הפנימית הייתה שונה. חברים ומכרים שלא הכירו את אמי או את עברה לא יכלו לחשוד שאבי השני הוא לא אבי הביולוגי וכך התנהלנו לנו במשך שנים רבות, משפחה כזו, למופת.

תמיד ידעתי שיש לי אבא אחר, אך מעולם לא שאלתי עליו והוא מעולם לא הגיע לבקר. הבנתי בגיל די צעיר שבהסכם הגירושים, או אולי כאשר אבי החדש נכנס לתמונה, סוכם כי לא יהיה לו קשר איתי עד גיל 18, כדי לא לבלבל אותי בהקשר של דמות האב, שממילא לא הייתה לי ממנו.

זה נשמע הזוי מעט בימינו, שבהם כמעט בכל משפחה יש הורים גרושים וילדים שמחלקים זמנם בין אבא לאמא, פרקי ב׳ של משפחות המגדלות את ילדיהם יחדיו ועוד ועוד אפשרויות הוריות שונות ומשונות. אך באותם ימים, בשלהי שנות השבעים, הוריי קיבלו את ההחלטה אחרי התייעצות עם אנשי מקצוע, שהובילה לדרך החיים הזו. וכך, גדלתי במשפחה חדשה שהיא לא באמת שלי, ובמקביל, גדלה לה משפחה נוספת, במרחק של רבע שעה נסיעה ממקום מגורינו, עם אחים ואחיות למחצה, שנולדו לאבי הביולוגי ולאישה החדשה שבחר לו, בלי שהיה שום קשר בין שתי המשפחות או ילדיהם.

אני חושבת שעל אף הפצע העמוק שנחרת באותם ימים בליבי

ובנשמתי – שהוביל אותי ככל הנראה למקום המדהים שבו אני נמצאת, לגילויים המרתקים על המהות שלי ושל כולנו, ולחיי הנפלאים היום – רוב ילדותי עברה בסך הכול באופן רגיל יחסית, בלי אירועים מיוחדים עד שהגעתי לתיכון. מכיתה ב׳, כאשר עברנו להתגורר במושבה אבן יהודה שבשרון, גדלתי ולמדתי עם אותה קבוצת ילדים, יחדיו עברנו לחטיבה בבית הספר הדסים ומשם לתיכון באותו בית הספר, רק שבתיכון נוספו ילדים רבים מכל יישובי הסביבה.

עם פתיחת השנה, המחנכת נכנסה לכיתה והקריאה שמות לוודא נוכחות ופתאום קראה בשמי המקורי: ליאת רז. אני זוכרת את הקיפאון בתוכי ומסביבי: ״מי זו ליאת רז? אין כזו, יש רק את ליאת וינשטיין״. וואו, אני יכולה לחוש את הכיווץ בגופי אפילו כעת, 35 שנים אחרי.

התברר שבתיכון, בשל הבגרויות, נלקחים השמות המקוריים ממשרד הפנים, ושם הייתי רשומה בשם המשפחה של אבי הביולוגי – רז. מעז יצא מתוק, אחרי שהתרגלתי לעניין, מצאתי את עצמי ברשימה בדיוק אחרי מי שהיה חברי בכל שנות התיכון, וכך יכולנו תמיד להיות יחד, צמודים זה לזו (תרתי משמע) ברשימת השמות בכיתה, רז ורזיאל.

ואז הגיע לו צו הגיוס שלי לצה״ל, עטוף בתוך מעטפה לבנה ועליה ברישום מרושל שמי וכתובתי, ובתוכו שוב אותו שם שלא היה לי שום קשר אליו: ליאת רז. ביום ההולדת ה־18, רצתי למשרד הפנים ושיניתי את שם המשפחה שלי לאלתר, ומאז לא הייתי צריכה עוד לחוות את הפיצול הזה, מול שם שרק הזכיר לי פצע קדום ועמוק.

אבל הפצע הזה שב ונפתח. ידעתי שבגיל 18 רשאי אבי הביולוגי, לראשונה בחייו ובחיי, להגיע ולהכיר אותי. אך הדפיקה המיוחלת בדלת מעולם לא הגיעה, הוא היה עסוק בחייו, בקריירה שלו ובמשפחתו החדשה, וכמו נשמות נוספות שהיו סביבי נעל וסגר את כלוב ליבו, אין יוצא ואין בא.

פצע פתוח

שנים רבות אחרי כן יצרתי קשר עם אחיותי ואחי מאבי הביולוגי ואז גם עימו. אני זוכרת איך ישבתי עם אחותי, הצעירה ממני בעשרים שנה, בבית קפה רדום בתל אביב בקיץ מהביל. שתינו לנו קוקטייל מתקתק ושיתפתי אותה בנבכי נשמתי, בריפוי שעברתי ובכלי התודעה המדהימים שנחשפתי אליהם ואיך גם היא יכולה לשנות את חייה מן הקצה אל הקצה, מן הפנים החוצה.

אני זוכרת את הדמעות על לחיי, ואת ההבנה העמוקה שהשתררה בתוכי במהלך השיחה, שאותו פצע כואב של הנטישה שחוויתי בגיל כה צעיר היה בעצם מתנה והזדמנות עבורי, לגדול עם סבא וסבתא אוהבים עד אין קץ ואז עם אבא אחר, במשפחה חמה ואוהבת.

נחזור אחורה לגיל 18. חיי התנהלו לכאורה על מי מנוחות, אך לא באמת. בפועל הם התנהלו על מים רותחים ומבעבעים, המבקשים לבקוע החוצה, מבעד לשכבה קשה ויבשה. החיים המשיכו להם אל השירות הצבאי והתקופה המרתקת ביחידת מודיעין של חיל האוויר, שם הכרתי את מי שיהיה בן הזוג שלי למסע החיים הזה, והיום יודעת אני שהיה בן זוגי במסעות חיים רבים.

המשכתי היישר מן הצבא אל התואר הראשון והתואר השני, רכישת הבית הראשון, עבודה אחת ושנייה, וגם שלישית, הולדתו של בני בכורי, שינוי קריירה ראשון, מעבר לבית החלומות הפרטי שלנו באבן יהודה. לכאורה חיים נפלאים ועל פי הרצוי, עם אנשים סביבי שאוהבים אותי, הצלחה, צמיחה, תנועה ושינוי, אך בה בעת גם תחושת חוסר שביעות רצון, לעיתים תסכול ובדידות שמסתובבת בתוכי, כמו חיה רעבה לטרף שאינה מוצאת מנוח.

כשאני מנסה להסתכל לאחור על נקודת המפנה, קשה לי מאוד לבחור אחת כזו. אני חושבת שהיו כמה כאלו לאורך השנים, שכמו טלטלו והאירו משהו עמוק בתוכי שביקש מן הסתם להתעורר. כמו

איזה ״ג׳יני״ רדום שרק מחכה שמישהו ימרק וישפשף את הכד שלו, ויאפשר לו לצאת מכלאו הפיזי ולהתממש בכל גודלו, יופיו וקסמו.

נפלאות היוגה

אחד הדברים המשמעותיים ביותר שקרו לי היה ההתגלגלות שלי אל עולם היוגה הקסום. כל חיי רקדתי. תנועה הייתה הכי משמעותית עבורי בעשרים השנים הראשונות של חיי, ואולי אם אני מסתכלת כעת ממרום חמישים שנותיי, תנועה ונשימה הן אחת המהויות של נשמתי. בכל אופן, בגיל 18, באמצע שיעור בלט, קרעתי את המיניסקוס בברך שמאל, מה שפחות או יותר גדע את קריירת הריקוד שלי. משם התגלגלתי למחול אירובי שהיה להיט בשנות השמונים, ולשיעורי ריקוד מודרני והיפ־הופ כאלו ואחרים.

בגיל 30, בדיוק חמישה שבועות לאחר לידתה של בתי האמצעית, הגעתי במקרה או שלא במקרה לשיעור יוגה. לא היה לי מושג מה זה. מבחינתי, זו הייתה איזושהי צורה של ריקוד, ונדבקתי בחיידק הטוב הזה. לקח לי לא מעט זמן להתחיל להבין שאני פועלת בשיתוף פעולה עם הגוף, ולא כנגדו, שלנשימה יש מקום מאוד משמעותי בתרגול, ושלנוע לאט זה לא בהכרח לא טוב או משעמם.

אלה היו המון גילויים שנתנו לנשמה שלי קצת מנוח בימים עמוסים מאוד, של מתח בין קריירה לאימהות. ויתרתי על תפקיד זוהר במשרד פרסום שבו עבדתי משום שבחרתי באימהות, ואחר כך בחרתי בעבודה לא פחות שואבת ואינטנסיבית בחברת היי־טק, אבל היוגה המשיכה לתפוס מקום יותר ויותר משמעותי בחיי.

חשתי כאילו במקום עבודתי מישהו לוקח לי את הנשמה, מכניס סכין ומסובב עמוק פנימה. הבנתי שאיני יכולה להמשיך כך, קמתי ועזבתי וזה היה אחד הדברים הטובים ביותר שעשיתי לחיי, למשפחתי, לבריאותי. אין לי ספק שלתרגול היוגה, ולו לשעה וחצי פעמיים

בשבוע, ולשקט שחוויתי במוחי לרגעים, אולי בפעמים הראשונות בחיי, היה חלק משמעותי בבחירות שעשיתי מאז ובמעברים לכיוון שהולם את רצון הנשמה שלי.

כעבור מספר שנים מצאנו עצמנו עוברים להתגורר בניו יורק. זו הייתה קפיצה משוגעת לכיוון שבן זוגי ואני תמיד רצינו להגיע אליו והצלחנו ליצור אותה כמעט יש מאין. יום בהיר אחד, ארזנו את הבית המדהים שלנו, נפרדנו מהחברים, ממקומות העבודה והקריירה ומהמשפחות שלנו, ועברנו עם שני הילדים אל מעבר לים לפתוח בחיים חדשים. גם שם, אף שהתחלתי עבודה חדשה כמעט עם הגיעי, עלה בי הרצון להעמיק את לימודי היוגה, מעבר לתרגול השבועי.

חיפשתי קורס מורים, רק משם שרציתי ללמוד גם את הפילוסופיה והתורה שמעבר, וכך הגעתי אל שתי המורות המשמעותיות הראשונות בחיי: ליסה וגייל. אני זוכרת את אחד המפגשים הראשונים בקורס המורים להוראת היוגה, כאשר ליסה מורתי האהובה אמרה לנו: ״אתן מתחילות עכשיו מסע, שאין לכן אפילו מושג לאן הוא ייקח אתכן״. וואו, כמה שזה היה מדויק, אם הייתם אומרים לי אז שיום אחד אלמד יוגה, מודעות ומדיטציה ואטפל באנשים, הייתי מתפקעת מצחוק ומבטלת זאת במחי יד.

והנה, שלוש שנים אחר כך, כאשר חזרנו לארץ, מצאתי עצמי מתחילה ללמד יוגה, ושמה לב, לדבר המפתיע, שלא משנה מה עבר עליי באותו היום, באיזה מצב רוח הייתי, אם היה לי עימות עם בעלי, או התמודדתי עם אתגר כלשהו מול ילדיי, כאשר הגעתי למזרן היוגה ואל מול המתרגלים שלי, כל מה שהיה בתוכי נעלם. הייתי בנוכחות מלאה. אז, עוד לא ידעתי לומר מה חוויתי, היום אני יודעת שהייתי בחיבור לאני הגבוה שבי, לנשמה שלי, לשדה, לבריאה – לא משנה כיצד תקראו לכך, כל שם רק יקטין ויצמצם את אותו דבר בלתי אמצעי, שנמצא בכל מקום ובכל זמן, בתוכנו וסביבנו.

המפגש הראשוני עם עולם התקשור

נקודת מפנה נוספת ומשמעותית בחיי אז הייתה כאשר פתחתי סטודיו ליוגה בחצר ביתי, אך שום דבר לא ממש התרומם וכך החל המפגש הראשוני שלי עם עולם התקשור. אולי אתחיל בהסבר קצר של מהו תקשור וכיצד אני מבינה אותו על סמך ניסיון ותרגול של למעלה מחמש עשרה שנים.

תקשור הוא היכולת של כל אדם להיות בקשר עם משהו גבוה ממנו ולקבל פרטי מידע שונים, הנמצאים בשדה הבריאה הסובב את כולנו, ובו כל הידע. הידע יכול לבוא מישויות שונות: יש המתקשרים עם חייזרים או מלאכים, עם מאסטרים נעלים, עם ישויות שחיו בעולם הזה בגוף או ישויות שמעולם לא התממשו פה בגוף חומר, עם האני הגבוה שלהם או ישירות עם המקור.

חשוב לי להדגיש שאיני חושבת שיש לי איזה שהם כוחות מיוחדים שלך אין. כולנו ניחנו ביכולת הזו, והיא יכולה להיות מפותחת יותר או פחות ותלויה באמונה, בתרגול ובאימון התודעה. אמנם כבר בתנ"ך מספרים לנו על אותם יחידי סגולה, נביאים, שהייתה להם יכולת להביא מידע מאלוהים; בנצרות היה ישו, בבודהיזם בודהה וכו'. היום אני יכולה לומר בבירור שאנו חיים בעידן כזה, שבו הגישה לקשר ישיר עם הבריאה, עם הבורא, עם המקור, עם השדה, פתוחה ואפשרית לכולנו ואולי זו המתנה הייחודית של הזמן הזה, שבו כולנו בחרנו להתגשם בגוף אנוש.

אחזור לחוויית התקשור שהייתה לי. שמעתי על שמה של מתקשרת מפורסמת ברמת גן משני אנשים שונים, פחות או יותר באותה העת. היום אני קוראת לכך סנכרון, אז קראתי לזה צירוף מקרים, דיפאק צ'ופרה, בספרו "כוחם של צירופי המקרים", (הוצאת מודן 2005, תרגום: ברוך גפן) מסביר כי צירופי המקרים הם רמזים להגשמת יעודנו ותשוקותינו העמוקות ביותר וכשאנו שמים לב לסימנים אלה, אנו משתתפים בדיאלוג עם הבריאה, עם השדה הסובב אותנו. כבר

אז, הייתי קשובה לסימנים הקטנים שהיקום נתן לי והחלטתי ללכת לאותה אישה, לשמוע מה יש לה לומר לי וכיצד אני יכולה, באמצעות המסרים שיגיעו דרכה, לשפר את חיי.

הגעתי לחנות קטנה ברחוב צדדי ברמת גן, נכנסתי וראיתי אותה יושבת מאחורי שולחן גדול, והיא כל כך קטנה אך כה עוצמתית. לצידה ישבה אחת האסיסטנטיות שלה, שהבטיחה שתרשום עבורי את הכול ושאלה מדוע באתי. סיפרתי על עצמי בכמה מילים וכיצד למרות שנראה כי יש לי הכל בחיים – משפחה מדהימה, בית פרטי ויפה, עיסוק שאני אוהבת – אני לא חשה מאושרת, כאילו משהו בתוכי חסר.

מרגע זה ואילך השתתקתי. קולה של המתקשרת השתנה, עיניה עפעפו והיא התחילה, בשטף של מילים בשפה מעט תנ"כית, לשפוך בפניי את כל הדברים שנאמרו בליבי רק ביני ובין עצמי, שרק אני ידעתי וחשבתי אותם, שמעולם לא שיתפתי בהם ולו נשמה אחת.

אחד המסרים המשמעותיים ביותר שנאמרו שם היה שמאחר שאני תקועה בפצעי העבר שלי ובסיפור הנטישה של אבי הביולוגי, אני במו ידיי "ממיתה" את עץ החיים שלי, את משפחתי. נשמע מבהיל, אך זה מאוד ברור לי היום. הרי היום כבר ידוע כי כל דבר שאליו נפנה את האנרגיה שלנו יגדל ויתעצם בחיינו. כשאת רוצה לקנות רכב מסוים, לפתע פתאום תתחילי לראות בכבישים כל כך הרבה מכוניות מאותו מודל, הלא כך? בדיוק כך הדבר גם בחיינו. ברגע שאני בוחרת, במודע או שלא במודע, לשים את האנרגיות שלי על העבר, אני מונעת מאותן אנרגיות להיות נוכחות בהווה, במשפחה המדהימה שלי.

דמעות החלו לזלוג מעיניי כמו שני מפלים עזים. אלו לא היה דמעות של עצב, כי אם דמעות של שחרור, של ידיעה, של הבנה, של אמת. איני יודעת בדיוק כיצד להסביר במילים את החוויה העוצמתית שחוויתי שם. שעה וחצי עברו בהינף רגע, ואני רק זוכרת שכאשר נעמדתי לקחת את חפציי ולצאת מהחדר, ידעתי שחיי לא יהיו עוד כשהיו ושהינה אני מתחילה פרק חדש בחיי, וכך היה!

קורס תקשור

החוויה שעברתי הייתה כה עוצמתית ומשמעותית, שכעבור זמן קצר, כאשר חברה סיפרה לי כי מכרה שלה מחפשת מקום לארח בו את קורס התקשור שלה, מייד קבענו להיפגש. עוד לא ידעתי מה זה בדיוק, כיצד זה נעשה, במה מדובר, אבל היה לי ברור שאני צריכה ללמוד את זה יותר לעומק והנה הגיעה ההזדמנות המדויקת עבורי.

וכך, במשך מספר שבועות, נפגשנו קבוצת קטנה ואינטימית של אנשים זרים עם מורתנו האהובה ענת קופרמן, ולמדנו צעד אחר צעד את יסודות התקשור וסודותיו. בהתחלה זה היה מוזר, הרגשתי שאני ממציאה את זה. הפקפוק וחוסר האמון נכחו אצל כולנו.

אצלי ואצל חבר נוסף בקבוצה, הייתה תחושה כי התקשור בא בקלות. הוא החל לתקשר את דבורה הנביאה מהתנ"ך ואילו אצלי לא היה שם או ישות מסוימת. חברה אחרת בקבוצה תקשרה בשירה והייתה אחת שעל אף כל מאמציה אולי האונה השמאלית שלה הייתה חזקה מדי ולא אפשרה לאונה הימנית דרור, וכך כאשר כולנו חווינו הצלחות שהלכו והתעצמו לאורך הקורס, אצלה זה לא קרה.

מה זו המילה הזו "תקשור" (שיש המכנים אותה היפר־תקשורת)?
איך זה קורה בעצם ובמה מדובר? מבטיחה להסביר בבהירות:

אפשר לומר, שתקשור הוא בעצם סוג של מדיטציה, שבה אנו משקיטים את התודעה ומתחברים לתדר שונה, אחר, גבוה יותר מהתדר שבו אנו פועלים ביום יום. אפשר לדמיין שברצונך להקשיב למוסיקה ברדיו בזמן נהיגה. כדי לשמוע תחנה ספציפית, יש לבחור את התדר הספציפי שאותה תחנה משדרת, לדוגמה, את רדיו 88fm לא ניתן לשמוע ב־90fm. רק כאשר מתכווננים על התדר המסוים של 88fm אפשר לקלוט את השידור של התחנה. האם היא לא משדרת כל העת, עשרים וארבע שעות ביממה? היא כן, אז מדוע איננו שומעים אותה כל העת? רק משום שלא היינו מחוברים לתדר המדויק שלה.

בדיוק כך אפשר להסתכל על יכולת התקשור, או קבלת מסרים ומידעים. זוהי היכולת שלנו, של כל אחד ואחת מאיתנו, להתכוונן לתדר מסוים, שקיים כל העת סביבנו ושבו אינסוף ידע ומידע. כאשר אנו משקיטים את התודעה ומתכווננים לתדר מסוים בעזרת תרגול ואימון התודעה, אנו יכולים לקלוט את השדר.

לחלקנו זה יישמע כמו הקלדה. אצלי זה כמו קול פנימי שלוחש מאחורי ראשי, או ליתר דיוק מאחורי אוזני הימנית. זו לא באמת בת קול, יותר כמו מחשבה, אך אין זו המחשבה שלי. אצל אחרים, השדר יכול להגיע כשיר, כתמונה, כצורה גיאומטרית, כמילה, כתחושה פיזית בגוף, או בכל דרך אחרת. שונים אנו זה מזה באופן שבו מקבלים אנחנו את השדרים הללו, ואנשים שונים יכולים להתחבר לתשדורות שונות.

אם מדמיינים את כל העולם כעיסת אנרגיה אחת גדולה, הכוללת את כל היש, גם בתוך כל עיסת האנרגיה הזו, ישנם תדרים שונים, רבים ומשונים. על כן אנשים שונים יתחברו לתדרים שונים ויביאו סוגי מידע שונים.

תקשור של העולם הישן

ייתכן שעולה בך המחשבה: אהה, אולי אני יכולה לדבר עם סבתי שנפטרה זה מכבר? ואני אענה לך שאכן גם זה אפשרי, אבל זה מה שנקרא תקשור של העולם הישן, או mediumship. בסוג תקשור זה, אנשים מסוימים, בעלי כוחות התחברות לעולם שמעבר, מעבירים מסרים לבני המשפחה שנותרו בחיים. אני מעולם לא עשיתי זאת, לא למדתי את זה, ואין לי כל עניין בסוג תקשורת מסוג זה, בעיקר משום שאיני חושבת שאותם אנשים שעזבו את גופם, אהובים ככל שיהיו, יכולים לסייע לי בהבאת מידע נקי ומואר להתנהלות אחרת פה, בחיים אלו.

כאשר אני יושבת למדיטציה, משקיטה את התודעה שלי ומתחברת פנימה אל תוך עצמי, אני תמיד מבקשת לקבל את המסר המדויק והנעלה ביותר עבורי כעת.

וכך הספר הזה הגיע לעולם. הוא אוסף של תקשורים=מידע=מסרים שהחלו להגיע אליי בעת שישבתי לתרגול מדיטציה, בחוף פולג בנתניה, בשנת 2013 ונקראו: ״לימודי הנשמה״. הייתה זו סדרת תקשורים קצרים ותמציתיים שקיבלתי, שככל הנראה קצת הקדימו את זמנם, אך הם הבסיס לכל הידע הזה, שעכשיו זורם מתוכי פה על הדף עבורי ועבורך.

במשך שנים, בכל יום ראשון בבוקר, לימדתי שיעור יוגה בחוף הים בפולג, נתניה, תחת סככה הפונה לים, לא משנה מה היה מזג האוויר. כאשר השיעור היה מסתיים, הלב שלי תמיד היה פתוח ומלא באהבה, והתודעה מעט שקטה יותר. אז הייתי אורזת את הציוד, נפרדת מתלמידיי ופוסעת למצוא מקום בחוף, הקרוב למים. אם מזג האוויר אפשר זאת, התהליך היה כרוך גם בטבילה מרעננת במי הים המרפאים. אז הייתי מתיישבת בתנוחת לוטוס, מתבוננת על המים, הים והגלים, עוצמת עיניים למדיטציה ומתמסרת לרגע הזה. יום אחד, פשוט התחלתי לכתוב את מה שהגיע.

עשיתי זאת בעבר

ביום ההולדת ה־50 שלי, בדיוק לפני שנתיים, קיבלתי מתנה מאחי הצעיר והאהוב, סשן עם אישה מיוחדת המאפשרת גישה לרשומות האקשיות. אפילו שאני עושה זאת בעצמי במדיטציה ייעודית, שמחתי על המתנה הייחודית.

הרשומות האקשיות הן מאגר רוחני־מיסטי של ידע וחוויות של כל הנשמות והאירועים ביקום, מעין ״ספר הזכרונות״ של היקום כולו.

לכל אחד ואחת יכולה להיות גישה אל הספריה הווירטואלית הזו באמצעות מדיטציה והתכוונות, וגם אני ניגשת אליה מעת לעת, אבל כשהוצע לי סשן במתנה, לא היססתי.

במהלך הסשן, שהיה מרתק ומלא במידע, היא אמרה לי שבאחד מגלגוליי הרבים בכדור הארץ (כן ישנם גם גלגולים במקומות אחרים על הפלנטה), היה בידיי ידע מוצפן וחשוב לאנושות שאותו ישבתי וכתבתי. אך בשל חשש כי ייעשה בו שימוש לא ראוי או שייפול לידי כוחות החושך, הידע הוצפן ונקבר.

נראה לי כי הייתי אחד מאותם האיסיים, שישבו במדבר יהודה, התנהלו ככת של נזירים ועסקו בפילוסופיה, בריפוי ובהתעלות לחירות הנפש. עוד הוסיפה הקוראת בספרייה האקשית, שבחיים אלו, עליי להשלים את המשימה של כתיבת התוכן הזה ובעברית, שכן כך הוא יתפרסם ורק אז יתורגם לשפות נוספות.

אז זהו, הגענו עד הלום ועכשיו, האם יש בך מוכנות לתכנים שקיבלנו כולנו?

כפי שכבר ציינתי, המסרים המתוקשרים, שהיה לי הכבוד להיות הצינור לקבלתם, הגיעו ברובם עבורי, ועל כן נאמרים הם בלשון יחידה, ולעיתים מופיעים הם בלשון רבים, כאשר המסר הוא עבור כולנו. לשם שמירה על הדיוק, העוצמה והכבוד למסרים ולאנרגיה שהם מכילים בתוכם, הם מובאים בדיוק כפי שהתקבלו על ידי במקור.

תכנים ומסרים אלו, השיטות והמידע שכתובים כאן, הביאו אותי לשנות את חיי, לחוות אושר, שמחה, קלות, יצירה, שפע ובריאות יוצאי דופן, בהשוואה לאנשים הסובבים אותי. אני קוראת להם קסמים, אך קסמים אלו גלויים ומוגשים גם לך, ולכל מי שרוצה להיחשף אליהם ולהתחיל להכניס אותם לחייהם, כדי להאיר את עצמו מבפנים, להיזכר במהות האלוהית שהיא את, אתה, אתם, אנחנו, ואז להמשיך ולהאיר החוצה, אל העולם כולו.

״מי אנחנו שמדברים אלייך בתוך ראשך״?

תקשור 2022, ארה״ב – הזמן לא באמת קיים

בת אור אהובה, ברוכה השבה אל משכננו, ממש לפני כניסת השבת, בעירך, בארצך, אם כי לא ארצך המקורית היא, כעת היא מקום מושבך, ברוכה את, ברוכים אתם, ברוכים תהיו.

עצמי עיניים והיי עמנו בכל מאודך, כי אנו איתך בכל מקום בכל זמן, בכל רגע, הרי זמן אינו באמת דבר הקיים בעולמות שמעבר, אך המוח שלכם המוגבל, תופס הוא דברים ליניארית, ועל כן נעשה שימוש בזמן שיקל עליכם להבין אותנו, את דברינו.

האם את זוכרת את שיעורי הנשמה שהועברו לך מבעוד מועד?

בשנת 2013, היית יושבת בחוף הים, בארצך המקורית, הלא היא ארץ כנען, ארץ ישראל, ומידע רב הועבר לך בפורמט של שיעורים, של תכנים, הנבנים זה על זה. אם כן, זו הייתה ההקדמה. נראה כי עכשיו, שנים רבות אחרי, הכלי שלך מוכן, הקיבולת גדלה, האנושות התקדמה, עוד ועוד נשמות מתעוררות למהות האמיתית האלוהית שבתוככם, בתוככי כל אחד ואחד מכם, והזמן הוא נכון, מדויק.

נכון, נאמר לך בעבר כי כבר עסקת במלאכת הכתיבה וההוצאה לאור

של תכנים אלו, ושהיה עלייך לגנוז אותם, להסתירם, כדי שעין אנושית שכוונתה אינה טהורה לא תעשה בהם שימוש הפוך ממטרתם. ועל כן, את במו ידייך, אחרי הכנת הכתבים, הסתרת אותם, אי שם בארצך מולדתך, הלא היא ארץ כנען.

כן כן, היית אחד מאותם מקובלים, אותם אלו שנקראו איסיים וכל הידע ותורת הנסתר היו בידייך, בתוכך, מוצפנים פנימה, אך מקודדים כך שלימדת התורה החוצה. עכשיו זו העת, להביא את כל תורת ההצפנה, הקידוד והשפע לכאן, לאנושות בימים אלו, דרכך, באמצעותך, כך שתשלימי את מלאכתך. זהו התפקיד שלקחת על עצמך בטרם התגשמת בגוף חומר זה, וכל מה שעברת, חווית, למדת, התנסית בו, הכין את הכלי שלך לרגעים מרגשים אלו ממש.

יש יצירה יש מאין מחד, וגם יש מיש, כי הכול כבר פה, הכול קיים. כל שעליכם לעשות הוא לפקוח את עיניכם הפנימיות ולשלוף ולהאיר את הידע הקדום ולהביא לכאן אל המרחב, אל הדפים הללו, אל החיים הללו, אל הנשמות הנוכחות בכדור ארץ זה, בימים מיוחדים ומרגשים אלו, שבהם האנושות שוב בוחרת להתעורר, להיזכר, להוות דוגמה והשתאות לכל העמים, היצורים בכדור הארץ ומחוצה לו.

מי אנחנו?

זוהי ההקדמה שלנו אלייך, בוודאי בראשך החכם והיפה עולה לה השאלה המתבקשת:

מי אנחנו שמדברים אלייך בתוך ראשך, אך בצורה כה בהירה ורהוטה?

הרי אין את צריכה לשאול דבר, שכן טלפתיים אנו וכך גם את, אתם כולכם. בכולכם הוצפנה היכולת הזו לתקשר טלפתית וברובכם גם הורדמה אותה יכולת והיא הולכת ומתעוררת. דרכך נלמד כיצד להעיר יכולת בסיסית וחשובה זו, כי הגיעה העת, כי הגיעה השעה שבה כולכם

תהיו מסוגלים ויכולים לתקשר עם כל הסובב אתכם, צמחים, חיות, אנשים, יצורים מעולמות אחרים.

ההפרדה הייתה רק למראית עין, כי הכול אחד. בעינינו האוהבות והמכילות אין זה, או אחר, יש יצירה אלוהית מסונכרנת המתבטאת באינספור צורות. רק בדרך אלוהית זו יכולים אתם לתקשר עם כל הסובב אתכם, מתחת, ממעל, אבל אנו מקדימים את המאוחר. עלינו להתחיל בדברים ובמידעים בסיסיים ומוקדמים מאלו ולתרגל אותם כך שתוכלי את, וביחד איתך האנושות, לפתח את היכולת הטלפטית, להתקדם ולהיזכר במהות האלוהית שהיא אתם.

האלוהות עצמה

אז מי אנו? עדיין את מתעקשת, "אנו האלוהות עצמה. כך, כל הגדרה אחרת תהיה שגויה ותצמצם את מהותנו. מדברים אנו ברבים, כי מכילים אנו את הכול בתוכנו, בדיוק כשם שהכול קיים גם בתוכך ובכל יצור ובכל תא ובעולם הפיזי שלכם, ועולמות המדע כבר מוכיחים זאת בימים אלו. התבונני החוצה, הקשיבי לקולנו, חושי את זרימתנו, את מגענו, את ליטופנו, בקולות החרקים, בזרימת המים, באור שבא והולך, ברוח שמניעה את ענפי העלים, בפרפר שאך זה ריחף מול עינייך, אנחנו בכל, והכול בתוכך. הפרפר שמרקד ומניע כנפיו בהרמוניה מופלאה, העכביש הצהוב־שחור הטווה את קוריו ומחבר בין כל עץ פה בגינתך, בביתך. כל אלה הם תזכורת לאחדות, ליופי ולשלמות בבריאה הזו סביבך ובתוכך. כל שאת רואה בעולמך הפיזי, שיקוף הוא למה שמתרחש פנימה בתודעתך, זאת הרי את יודעת".

אז מהיכן נתחיל? מעכשיו

מדוע עכשיו נזכרים אנו להתגלות אלייך ולהעביר דרכך ובאמצעותך את המסרים הללו?

מדוע לא בעבר?

מדוע היו צריכים להיות מוסתרים כל כך הרבה עידנים, שנים, זמנים?

התשובה היא פשוטה, הכול כבר קיים, אמרנו זאת, וגם המידעים הללו שנעביר ונפרוס בפנייך אט אט קיימים והיו קיימים כל העת, אך כשהכלי אינו מוכן, העין אינה יכולה לראות. כשכל מה שהכלי מתמקד בו הוא הישרדות וחומר, גם הידע הנעלה ביותר, הנמצא מול עינייך, לא ייראה או יובן כמשהו יקר ערך, משום שהמיינד האנושי, רובו ככולו, לצערנו, עדיין ברוב העולם (וכן, אין פה שיפוטיות, רק ציון עובדה), שקוע וטובע ביצר ההישרדות.

כאשר את, אתה, אתם, עסוקים בסיפוק היצרים הבסיסיים לחייכם, אין אתם פנויים לעסוק ברוחניות – ולא משנה שרוחניות זו כמובן באה לייצר עבורכם אלוהים, בכל רובד, ובכל דבר שתעשו או תרצו, אתם לא תוכלו לראות זאת.

תיאוריית הצרכים שתיאר מסלאו, אדם דגול בעידנכם, היא מדויקת ונכונה. ראשית על האדם למלא את צרכיו הבסיסיים, ורק אז יכול לפנות ולהתפנות ליצירה שמעבר. האדם והאנושות, למשך עידנים רבים, נפלו אל תוך החסר וההישרדות ולא הצליחו לטפס מהם ולהמשיך בעלייה בסולם אל הרוח, אל היצירה. לא כולם כמובן. בכל עת, בכל עידן, היו אותם אלו מעוררי החזון, שטיפסו מעלה, גילו את העולמות שממעל ואף הביאו אותם אל החומר, אל החיים. אלו כמו אינשטיין, דה וינצ'י ורבים וטובים אחרים שתמיד היו כמקדימים הם את זמנם, אך בכל עת כזו, הביאו עוד ועוד מן "הלמעלה" אל ה"למטה" אל החומר, אל הארץ.

מדוע אני?

וכעת, בזמן או בעת ייחודית זו, מוכנים יותר ויותר "אֱנוֹשִׁים" כן, לא אנשים אלא "אֱנוֹשִׁים", מעט שמילאו להם את יצר ההישרדות ועברו ממנו לתודעת שפע – עתה יכולים הם להתמקד בשיפור הכלים, בהיזכרות מלאה במידע, בכתיבה, בלימוד ובהפצה שלהם לכל שיחפוץ ויהיה מוכן.

ועל כן נבחרת את, ואכן מיוחדת את ביותר, כמו כל יצור בבריאה, אך ישנן נשמות נוספות שנבחרו הן. בואי נדייק זאת, בחרתם זאת יחדיו, כקבוצה, כשם שישבתם, ולמדתם, ותרגלתם ולימדתם בשנים עברו, בחבל ארץ כנען זה, כעת שבים אתם ונזכרים. כל אחד מכם ילמד הוא מידעים אחרים מעט, אך דומים בהווייתם וכל מהותם היא היצירה האלוהית, היצירה של יש מאין, של שינוי עולמות, של היפוכים, של ריפוי, של טרנספורמציה, של התמקדות בטוב המוחלט. כן, יש כזה, רק לא בעולם של דואליות זה, אך ניתן לחוות אותו גם כל עוד אתם בגוף זה.

תקשור 2023, ארה"ב – מדוע את?

ברוכה את אהובה, בבוקר נפלא זה של החודש השישי, במקום הנפלא שבו יושבת את ומתחילה את יומך, שואלת את שוב:

מדוע את נבחרת להביא את המידעים הללו ולמה שבני האנוש ישמעו לך ויקבלו את דבריך ויאמצו אותם?

או.קיי, התשובה היא פשוטה: ישנם לא מעט אנשים המתעוררים לאמיתות הגבוהות ואת אחת מהם, אולם יש פחות מכך אנשים המשלבים בחייהם רוח וחומר כמו שאת עושה כבר שנים רבות. אלו שכל מאודם רק ברוח ימשכו אנשים מסוימים שממילא כבר מתעוררים או ערים, ואילו אלו שרק בחומר, לא יגיעו למידעים הללו שיעבירו אנשי הרוח, על כן היינו צריכים

לבחור מישהו, מישהי במקרה שלך שמשלבת רוח וחומר, שיכולה לשוט ולעוף איתנו במרחבי הבריאה האינסופים ויחד עם זאת להיות עם הרגליים על הקרקע ולהיות מעוגנת בגוף, בכדור ארץ זה – וזהו אכן כל כולו של המידע החדש שמגיע אל האנושות בימים אלו.

בואי נפרט יקירה:

בעבר, אפילו הלא רחוק כל כך, כשאת התחלת את צעדייך בעולמות הרוח דרך תרגול היוגה שלך, לפני 24 שנה, נמשכת לתרגול הפיזי כמובן. אך אנו יודעים שלא היה זה רק זה. משום שכל אחד מכם, בחיים אלו, נמשך ומגיע לאותם מידעים, תרגולים שכבר השיג בחיים קודמים, מקבילים. על כן הגעת לתרגול דרך עולם התנועה הפיזי, אך מהר מאוד הבנת כי מה שמרתק אותך הוא הפילוסופיה שמאחורי התרגול הפיזי, שכן גם ביוגה, מצויה כל התורה כולה, רק שהיא מקודדת וויותר איזוטרית ונסתרת.

אנו כאן איתכם, בימים אלו של עידן הדלי של האנושות, באים לסייע ולהפוך את המידעים לקלים לעיכול ולהבנה, וכמובן לתרגול, כך שיותר וויותר אנשים והאנושות כולה יתעוררו אל האפשרות של קיום באחדות, מתוך העולם של הנפרדות. אל ההבנה שהכול הוא אשליה. כל הנראה בעיניכם הפיזיות, ככל שנראה הוא מוחשי ואמיתי, מתגלה הוא כשידור מתוככם, המוקרן החוצה, ועל אף שחווים אתם כאילו הסרט מיוצר עבורכם, מתחילים אתם יותר וויותר להבין כי אתם היוצרים־שותפים של הסרט. אתם הבמאים, המפיקים, כותבי התסריט והשחקנים הראשיים, כפי שתמיד אמרת בשיעורי היוגה לתלמידייך, ואם כך, מדוע אינכם מבינים שבידכם לשנות את הסרט של חייכם?

עריכת התסריט

הסתכלו נא על כל אחד מתחומי החיים שלכם, אל תזניחו שום תחום: בריאות, הורות, הגשמה, ממון, יצירה, קהילה, מערכות יחסים, זוגיות,

מיניות. עברו תחום תחום ונתחו אותו בקלילות, ראו כיצד אתם חשים בתחום הזה בין 5־1, כאשר 1 הוא הנמוך ביותר ו־5 אומר כי ממצים אתם ונמצאים בשיאכם.

בכל תחום שאין אתם בו ב־5, זהו תחום שדורש התייחסות, התאמה ועדכון התסריט. זה לא נוצר על ידינו. אנו כאלוהות יוצרים הכול על פי הרצון והכוונות שלכם.

אז מדוע בוחרים אתם לסבול, לכאוב, לצמצם, להקשות?
כן, אנו שואלים ואנו גם יודעים התשובה, כי כך בחרתם מבעוד מעוד. בחרתם להגיע לכאן ולהתנסות בתחום מסוים במיוחד, של חסר גדול, או כאב גדול, שממנו תלמדו ותשכילו לראות את הקיטוב, את ההפוך, את הצד השני שמוביל לאחדות.

פתחי את ליבך

נסביר מייד עם הדוגמה שלך: את הגעת לעולם וכמעט עם היוולדך, אולי בעצם כבר עם היוולדך, אמך ידעה כי אינה הולכת להישאר בזוגיות שבחרה. משמע, שאת תיוותרי בלא האבא שהביאך לעולם. אף שגדלת עם סבך, סבתך ואמך האוהבת, ובגיל צעיר יחסית זכית, או שמא בחרת לך מראש, באבא אחר שיגדלך – חווית חוויה עמוקה ביותר של לבדות ונטישה.

חוויה זו גם עברה ונטמעה בך, לא רק דרך הורייך, אלא דרך סבך וסבתך שחוו את נטישת הוריהם ומשפחתם במעללי השואה. ומה ההיפך של נטישה? שייכות? אהבה אינסופית? קבלה? האם אין זה המסר שמקבלת את מהימים הראשונים שבהם התחלת את העלייה בממדים ובתקשורת איתנו, שנאמר לך שוב ושוב: "פתחי את ליבך"?

שנים רבות עשית זאת ברובד מסויים עם פתיחת הסטודיו ליוגה ולמודעות שלך באבן יהודה, בישראל. פתחת את ליבך, פתחת את ביתך

להכיל עוד ועוד נשמות מדהימות שנאספו סביבך, ליהנות מאורך, מהידע שאספת והאהבה, אולם כל הזמן נתבקשת לפתוח עוד את הלב.

לעיתים רבות בכלל לא הבנת ולא ידעת מה מבקשים אנו ממך: להגדיל ולהרחיב את יכולת ההכלה של כל היש בתוכך, סביבך, ולבסוף גם למצוא את האהבה האינסופית שאינה כלואה, או מוגבלת, שתמיד פה ונובעת מתוכך, ממרכז ליבך הפיזי. אותה נקודת אור אינסופית שמחברת את כל היש, אותנו, אותך, את הטבע, את הבריאה, את האנושות.

זו הייתה כוונתנו באומרנו "פתחי את ליבך", ואין זאת דרך שנגמרת. זו העבודה של חייכם, לפתוח, ולהתמסר, להתחבר ולהתאחד עם מרכז הלב שלכם, שהוא גם נקודת החיבור בין העולמות, פה הכול נוצר, הכול נברא, הכול נחווה, הכל נרפא, הכול קיים, הכול מאוחד.

אז איך מלמדים זאת, שואלת את?
איך מתרגלים זאת? איך מסבירים זאת לאנושות, שהלב הפיזי הוא רק מיקום פיזי של שער כניסה לכל היש?

נתחיל במדיטציה קצרה, את תקשיבי במוחך למילותינו, לדברינו, ואז תכתבי זאת ואז תקליטי ותתרגלי ותשלחי ליקום. כך נמשיך ונתרגל ונחשוף את המידעים עוד ועוד.

מדיטציית "כל־יה"

מצאי ישיבה נוחה והרפי נשימתך, עצמי עינייך והתבונני פנימה אל עבר ליבך. כן, ליבך הפיזי.

התחילי לראות אור מנצנץ ממרכז ליבך, המשיכי להתבונן בו. ראי איך ללא שום מאמץ, רק עם כל שאיפה ונשיפה שעוברת בגופך, האור גדל, הנצנוץ מתרחב ומתפזר אל כל חדרי הלב הפיזי.

האור בוהק ומרפא וממשיך לזהור ולזרוח, האור מתרחב עכשיו גם אל מעבר ללב, אל תוך גופך, אל כלוב הצלעות כולו, נוצץ ומטהר את

הריאות, ממשיך ומתרחב אל עבר הגרון, אל חלל הפה, מנקה, מטהר ומרפא, יורד למטה אל עבר הבטן ואל כל האיברים שבתוכה, ומאיר את כל הפוטנציאלים הרדומים בכל תא ותא, בכל איבר, בכל כלי דם, בכל עצב.

האור מתפשט מעלה ומטה לצדדים, לכל הכיוונים, מציף את הראש באור נגוהות באור מרפא ומרפה, מנקה ומעורר את בלוטת האיצטרובל במרכז הראש, מחבר בין שתי אונות המוח ומאזן ביניהן. אור בהיר ונקי חודר מבלוטת האיצטרובל דרך העין השלישית ישירות אל האינסוף ומאפשר לך להתעורר אל הראייה האלוהית, מעבר לעיניים הפיזיות.

האור יורד ומתפשט אל עבר הידיים שלך, שהן שלוחות של הלב. אור לבן מבצבץ החוצה מקצות האצבעות ומאיר את יכולות הריפוי הנעלה הטמונה בך, בכל אצבע יכולת ריפוי אחרת והן נדלקות ונזכרות ומהדהדות אור וריפוי לכל עבר.

האור ממשיך ויורד מטה לעבר צ׳אקרת המין וכל איזור היצירה והיצירתיות נדלק כולו באור, נרפא, מתטהר ומתנקה מכל טראומות העבר, מכל כאבי הגלגולים הרבים שחווית בגופך. הכאב מתפזר ומתפרק ומפוגג עוד ועוד פחדים והישרדות מצ׳אקרת הבסיס. כל השרידים של הפחד נשלחים החוצה מן הגוף אל הבריאה למטה, ושבים אלייך כאור כסוף שחודר מבחוץ פנימה אל כל תאי הגוף, דרך כל הפתחים, דרך נקבוביות העור, דרך הפנים, אור כסוף חודר דרך כפות הרגליים.

טורנדו של אור כסוף מנקה מלמטה כלפי מעלה ואור זהוב חודר מלמעלה כלפי מטה עד ששני הוורטקסים של האור נפגשים שוב במרכז הלב, באמצע הגוף, מתחברים יחד ומאזנים זה את זה, אור אלוהי מוזהב ממעלה, אור כסוף המגיע ממטה, חוברים הם יחדיו בסלסול בצורת DNA, מדליקים הם את כל קודי ה־DNA שנכבו לפני שנים רבות ועידנים רבים שבהם חיית בכל מאודך על פני האדמה.

ריקוד האור, הזהב והכסף, הכסף והזהב, מתפזר ומרקד בכל גופך,

בכל מאודך, פנימה והחוצה, בכל הרבדים הנראים לעין ואלו הרחוקים יותר, ונשמתך רוטטת היא, את כל היש בעולמך וכל היש באלוהות הוויתנו, כי את הכול, ה"כל־יה", את ההיכל, האלוהות. ברוכה את, ברוכים אתם.

סרקו את הברקוד המצורף
להאזנה למדיטציית "כל־יה"
המוקלטת בקולי:

השער הראשון:

אמונה – ההבנה שיש משהו גדול ממך

״אמונה היא היכולת לסמוך על
דבר שאותו עדיין אין אנו מבינים״

ליקוטי מוהר״ן ז, א (״אין מקום רחוק״, רבי נחמן מברסלב)

תקשור 2013, נתניה – המסע לחקר הנשמה

מתקבצים אנו כאן צוות מלאכי תבל לעוץ לך וליידע אותך על מה שרבים מכם היום כבר מוכנים לקבל וללמוד: המסע לחקר נשמתכם אתם. עומדים וראשית מברכים אותך על פועלך זה, חשים אנו שמוכנה את להעביר את המסרים הכה חשובים, ושישנם מספיק אנשים סביבך שבשלים הם לקבל את הידע, אף על פי שכבר נמצא הוא מקודד בתוככם מימים ימימה, אך מוסתר הוא תחת מעטה עבה של שכבות וכיסויים, אשר מסתירים לכם את מהותכם האלוהית מפני עצמכם.

התרכזי נא יקירתי, הסכיתי ושמעי קולנו זה הרוטט בתוך ליבך, כי כל הדברים כולם נמצאים שם, חבויים עמוק בתוך נשמתך אשר מקום משכנה אי שם מתחת או מאחורי ליבך הפיזי.

מהם לימודי הנשמה שרוצה את להעביר לקהל הרחב?

ההיכרות של כל אדם עם מהותו הפנימית ביותר, זו שמעבר לכל מסיכה, מסגרת או שם, זו שנכרתה עמו לפני שירד והתגשם בגוף אנוש, שבה נמצא כל הידע על העבר ועל העתיד, שם טמונות כל היכולות הפיזיות ואלו של עולמות של מעלה והכול נגיש לכם אם רק תפצחו את הקוד הפנימי, את ההצפנה שאתם עשיתם לעצמכם בטרם ירדתם מטה.

אז כיצד עושים זאת, שואלת את?

עצמי עינייך ושבי בישיבה שקטה, הקשיבי לדברינו אלו, שכן נענים לך אנו לבקשתך ללמדך כיצד ניתן להגיע לעומק הנשמה ולהוציא משם את הידע, ידע ההיכל, תפעולה הנכון ועבודה נכונה כל עוד בגוף אדם המה.

אנחנו מלאכי השלום, אליכם פונים ומציעים עזרה, כל אחד מאיתנו אמון על תחום אחר ויחדיו נותנים אנו את התמונה השלמה למסע הנשמה של האדם.

ילדתי, לא כולם מוכנים עדיין לידע מתקדם זה ועל כן תיתקלי מעת לעת בקושי להביאו, אולם אל ירפו ידייך, יום יבוא והידע הזה שאת תביאי לעולם אכן יילמד על ידיי כל ילד, בכל כיתה, בכל מוסד לימוד, כמבוא לפני כל ידע אחר. בכך צודקת את בחזונך ואכן מקדימה את מעט את זמנך.

אז כך, השיעור הראשון: אמונה

על מנת לדעת את עצמך, עליך להאמין שקיים משהו גדול יותר, משהו מעבר אלייך ואל משפחתך, משהו שמנהל את הבריאה וקראו לו בשמות רבים, אך אין הדבר אלא הקטנה של משהו שלא ניתן לתחום אותו במילה כי אינסופי הוא, זו אם כן הבריאה, התמונה הכוללת, אם הדברים כולם.

רק כאשר חווה האדם התרוממות רוח, הארה או חוויה מיסטית אחרת, יכול הוא להתחבר ולהאמין, ורק ממקום כזה, מסוגל הוא ורוצה להעמיק ולהבין מה תפקידו בתוך בריאה זו, בתוך התוכנית האלוהית הגדולה. על כן לא ניתן להכיל ידע זה על כולם, שכן רבים מכם טרם חוו חוויה מעין זו ועל כן או שאינם רוצים להאמין, או שאינם אפילו מתעניינים או נמשכים לחומר זה, שכן חייהם עודם מתנהלים במישור החומרי בלבד.

מרגע שישנה אותה אמונה עמוקה בליבכם, כי החומר אינו הכול וכי קיימים רבדים נוספים ועמוקים, יכול להתחיל החיפוש ויכולה להתחיל הצלילה למעמקי הנשמה.

תקשור 2022 ארה"ב – החיים עצמם

בואי נחזור לסדר השיעורים שלנו ונדון במושג אמונה. גם הוא מונח טעון מאוד פה בעולמכם, משום שאמונה תמיד נשזרה בעולמכם עם הדת והאלוהים שלה, אם כי אנו איננו מדברים בכלל על דת כזו או אחרת, אלא על אמונה בעצמכם, אמונה בכוחות הנפש הטמונים בכם, אמונה שמשהו גדול עוד יותר מעצם קיומכם ושידיעתו והכרתו יכולות לעזור לכם להתממש ולהתקיים ברבדים עמוקים, גבוהים ומרובים.

מהי אותה אמונה וכיצד משיגים אותה?

ראשית, עלינו לזכור ולהזכיר כי אדם אינו יכול לרכוש אמונה כזו או אחרת, אין זה דבר חיצוני אלא נביעה פנימית, מעין תהליך של היזכרות, הקורה לאדם כאשר הוא פוגש משהו מעבר לרגיל, מעבר לשגרה. נס קוראים אתם לזה, סינכרון קוראת לזה את, אהובה, אנו קוראים לזה החיים עצמם. ומשום שמדובר בחיים עצמם, הם קורים לכם כל הזמן, אך רובכם – ואין אנו חלילה וחס משתמשים בשיפוט כנהוג בעולמכם, רק מציינים עובדות – אינכם יכולים לראות זאת או להכיר בכך; באותם הדברים קטנים וגדולים המתרחשים בחייכם והגורמים לכם להתעורר מעבר לעולם החומר, מעבר לחושים הפיזיים, ולהתחיל להאמין כי קיים משהו מעבר שנמצא שם, כאן ובכל מקום, והוא חי ופועל – וכאשר מתחילים להכיר בקיומו, הוא מתרחב, נראה ומורגש עוד יותר.

ברור לנו הקושי של מרבית האנושות עם המילה אמונה, שכן איבדתם אמון ברשויות, בדתות, בגורמים המנהלים ועל כן אמון ואמונה נקשרים יחדיו, ומאמינים אתם רק למה שרואים אתם במו עיניכם, שומעים במו אוזניכם וחשים בידיכם. ואכן, רב הנסתר על הגלוי, אם כי לא לעוד זמן רב. כבר עכשיו עוד ועוד רבדים נגלים עבור אלו שמוכנים להכילם, ואת ביניהם, וחווים אתם ניסים, והתרחשויות של סינכרון ברמה יומיומית, ואולי אף מעבר לזה, וכך גדלה אמונתכם, בנו, בבריאה, ביקום, בשדה. השם רק יצמצם את הדבר הפלאי והאינסופי שהוא אנחנו.

אז כיצד אפשר להשיב את האמונה באדם?

או לשתול אותה?

או להעיר אותה?

לעיתים מגיעה היא בעת משבר. אם אינכם מתעוררים בדרך אחת, יש בכוחותינו לעזור ולהעביר, רק משום שביקשתם זאת מאיתנו טרם התגשמותכם בגוף פיזי, לסייע בעדכם להיזכר במהות האלוהית שהיא אתם ולהעיר את אמונתכם.

אז חזרה למשבר, כאשר סוטים אתם מדרככם שבה בחרתם, או שמאבדים אתם את דרככם – המשבר, השבר, הקושי, החיפוש, מעיר אתכם וגורם למשהו דרמטי להתרחש בחייכם, אשר מעורר את האמונה המחודשת בכל היש.

על כן, בימים אלו, בעת הזו, רבים מכם מתעוררים חזרה לכוחות הנפש שבכם, למשימות המהותיות שבחרתם לעשות, דרך הקשיים, החולי, הצמצום, הקושי הכלכלי וכו׳. אולם, יהיו גם את אלה שלא הגיע זמנם, או שמסרבים הם להתעורר או להיזכר, שאיבדו את האמון בעצמם ובסובב אותם, ואפילו המשבר אינו משיב אותם למסלולם. אותם אלו יבחרו לשחרר את הגוף הפיזי ולהיפרד מהחיים הללו כפי שהם מכירים אותם והכול טוב. זכרו כי הכול הוא בחירה חופשית – אין הבחירה במוות טובה יותר או פחות מבחירה בחיים, כל נשמה והבחירות שלה.

אבל בואי נחזור לאמונה. המילה אמונה נגזרת מהשורש א.מ.ן – לא בכדי משתמשים אתם באותו השורש לתאר את אותו אדם האמון על מלאכתו, אומן, הוא זה המשקיע את כולו ומתמחה במלאכה מסוימת הקשורה ליצירה וליצירתיות.

גם אמונה קשורה היא לחיבור לשפע היצירתיות הנמצא בתוככם והמחבר אתכם לבריאה כולה. לא סתם נבחרה מילה זה גם לסיומה של ברכה, כמעין חתימה, ״אמן״, כמעין התחייבות לקיום משהו. ואף המילה אימון, הכרוכה בעבודה, בחזרה על פעילות מסוימת על מנת להביא את ההצלחה במלאכה מסוימת, גם זו קשורה, שכן אמונה היא ענין של אימון

והבעת אמון, אמון בתהליכים, אמון בתרגולים, אמון בידע, אמון בעצמכם, בנו, בבריאה ובכל היש.

כיצד את התחברת והתחלת להאמין?

היה זה למיטב זכרוננו באחד המפגשים הראשונים שלנו איתך, המודעים, שבהם הלכת לאותה אשת אור, המתקשרת שלומית, אשר ישבה ופתחה בפנייך את הערוץ הישיר אלינו, באמצעותה, במה שקוראים לו אתם תקשור, שזהו מה שעושה את כאן עכשיו איתנו. אז קראה היא בפנייך את כל אשר על ליבך ואשר רק בינך לבין עצמך ידעת, חשבת והרגשת, והדבר נגע בליבך כל כך, עד שדמעות ניגרו מעינייך עד בלי די. לא דמעות של עצב הן, אלא דמעות של חיבור, של היזכרות, של אמונה. כאשר יצאת מדלתה של אישה זו, השתנו חייך והיה זה עוד יום משמעותי בקפיצות הרבות שעשית מאז חזרה למהותך האלוהית. חיבור ראשוני זה הוא שהביא אותך בהמשך ללמוד עם מורתך ענת, ולתרגל תקשור וחיבור איתנו, כל העת, מאז ועד עכשיו.

אם הגענו לתקשור, עלינו לציין שיכולת זו, מופלאה ככל שתהיה, טמונה בכל אחד ואחד מכם, וכל שעליכם לעשות הוא להיזכר ביכולות אלו ולטפח אותן, להתאמן ולאמן את המיינד לאפשר למשהו אחר, לזרם של תדרים שונה להיכנס, מבלי שיוסתר, ייקטע, יידחק או יבוטל. נכון, יש הקוראים לזה תקשור, אחרים קוראים לכך חיבור לעצמך או לבריאה. שוב, השמות מצמצמים המה את המהות, שהיא הקשבה פנימית למשהו שהוא מעבר לעולמכם הפיזי, שאינו נראה בעיניכם הפיזיות, אך כמעט נשמע הוא באוזניכם הפיזיות מבפנים.

רחל הקטנה

אחד הרגעים שגרמו לי להאמין יותר, שיש פה משהו מעל ומעבר לכל מה שאנחנו רואים, יודעים, שומעים ותופסים כמציאות שלנו, קשור לאירועים סביב מותו של סבא שלי בספטמבר 2014, והקשר שהיה בינינו מחיים קודמים. מעשה שהיה כך היה.

סבא גוסס

אני ושני ילדיי יושבים במטוס לופטהנזה, מתחילים את המסע הארוך לארץ. הקפטן מדבר בגרמנית וכמו תמיד זה עושה לי משהו בלב, צובט מצד אחד, ומצד שני מוכר, אף שאינני מבינה מילה בגרמנית. תחושה כזו בדיוק הייתה לי כשביקרתי בבודפשט בפעם הראשונה, בתחילת שנות האלפיים, כאשר נסענו בעלי ואני עם זוג חברים לבקר בעיר ולבחון בה אפשרות להשקעה.

בודפשט הייתה יפה ומזמינה, ומרגע שכף רגלנו נחתה בהונגריה אפפה אותי תחושה מוזרה שאני בבית. נכון, אפשר בקלות להסביר זאת בצורה הגיונית – כבר סיפרתי שגדלתי עם סבא וסבתא יוצאי

שואה, שניהם ילידי הונגריה, שדיברו ביניהם הונגרית בבית וגם יידיש כמובן. אבל זה לא היה זה, זה היה משהו אחר, מוכר, כמעט מחבק, ברכבת, ברחוב, בבתי הקפה. ותאמינו לי שחוץ מ"איגן" או "אישטנאם" אני לא יודעת מילה נוספת בהונגרית.

הקפטן סיים את נאומו בגרמנית ועבר לאנגלית. בעוד כשעה אנחנו נוחתים בשדה התעופה של פרנקפורט בדרכנו לישראל, מקווים לראות זו הפעם האחרונה את סבא שלי, באבא, כמו שקראתי לו מאז שהייתי קטנה.

בשישי אחר הצוהריים עוד שוחחתי איתו שיחה נורמלית אחרונה והצטערתי על שכה מיהרתי לסיים את השיחה, שכן בדיוק פגשתי את סוכנת הנדל"ן שלנו כדי לראות עוד בית להשקעה באלפרטה, ארה"ב. זו הייתה שעת צוהריים אצלנו, ולפנות ערב שישי בנתניה, באבא היה במצב רוח טוב, אך כבר לא נשמע כתמול שלשום. הגידול הסרטני במוחו החל לתת את אותותיו וזה ניכר בהתנהגות שלו באותו שבוע, כך אמר לי בטלפון אחי כמה ימים קודם לכן. אבל אף אחד לא הכין אותנו לבאות...

בשבת בבוקר עדכנו אמי ואחותה בוואטסאפ שהמצב מתדרדר: "באבא לא יוצא מהמיטה, מספר על הוריו שבאו לבקר אותו, ולפתע מדבר באנגלית בריטית." מיותר לציין שבאבא מעולם לא דיבר אנגלית והדבר היה תמוה בעיני כולם. אמא אמרה לי מיד: "ליאתי, כדאי שתחפשי טיסה ותבואי מהר. אנחנו מתחילים לתת לאבא מורפיום", כך הייתה קוראת לו לידינו, "ויש מצב שהוא לא יחזיק מעמד אפילו עד מחר."

למזלנו, דודה שרה, שעבדה שנים בחברת התעופה לופטהנזה, מיד ניגשה למשימה ורכשה לנו כרטיסי טיסה לראשון בבוקר. התלבטתי אם לטוס לבד או לקחת איתי את שני ילדיי הגדולים, שהיו כל כך קשורים לסבתא ולסבא שלי. נשמע אולי מוזר, אני יודעת, באמת לאף אחד מסביבי מעולם לא היו קשרים כאלו מיוחדים וקרובים עם סבתא וסבא רבא, או אפילו לא עם סבא וסבתא רגילים.

נאנא ובאבא שלי (סבתא חנה וסבא הלל), לא היו כמו כולם, הם קורצו מחומר אחר, מיוחד במינו. אולי זו השואה הנוראית שחוו על בשרם, איבוד צלם אנוש וכל שנות נעוריהם שהתפוגגו לבלי שוב. אולי העובדה שאיבדו כל כך הרבה מקרוביהם באושוויץ. משהו בעברם הנוראי גרם להם לשים את המשפחה במקום הראשון, עם אהבה ונתינה אינסופית לשתי בנותיהן, לנו, ששת הנכדים, ובמיוחד לנינים – שלושת ילדיי: תום, יהלי ובן.

יהלי בתי, שנמנמה לידי במושב האמצעי, פקחה עיניה ושאלה אותי: ״אמא, את חושבת שבאבא יחכה עד שנגיע?״ החלטתי לעשות מדיטציה לרגע, כמו שהמליצה לי ענת, המורה שלי לתקשור. עצמתי עיניי, התכווננתי פנימה, מילאתי עצמי באור כמו שתמיד אני עושה, וביקשתי להתחבר לנשמה העליונה של סבי.

דמעות מילאו את עיניי ובאותו רגע ידעתי את התשובה לשאלתה של יהלי. עמוק פנימה הייתה בי הידיעה שסבא עומד למות ובמילותיו אף אמר לי כי מעדיף הוא שלא נראה אותו ככה ושנזכור אותו כפי שהיה כשעזבנו, בקיץ. אמרתי בליבי שאני אוהבת אותו בכל מאודי, שאני מודה לו על כל האהבה שהרעיף עליי תמיד, ושאני משחררת אותו ללכת ואז, שוב זה נשמע כאילו שמעתי את קולו אומר לי, אך לא היה שום קול, אולי יותר כמו מחשבה, אך לא מחשבה שאני חשבתי: ״את ויהלי הייתם איתי בשואה.״

הדמעות שירדו מעיניי הפכו למפל הזורם מטה בשצף. היה זה רגע מכונן של ידיעה פנימית עמוקה, של הכרה ואמונה ביכולות שלי, בחיבור הגבוה לנשמה שלו, בדברים שמעבר. הודיתי בליבי על החוויה המרגשת ופקחתי את עיניי ויחד, מבלי להוציא מילה נוספת ישבנו מחובקים ובכינו, יהלי, תום ואני, נפרדים מבאבא שלנו.

חצי שעה מאוחר יותר, מיד עם נחיתתנו בפרנקפורט, ותוך כדי הריצה המהירה לגייט המרוחק בקצה הטרמינל שממנו תצא הטיסה לתל אביב, הגיעה בוואטסאפ ההודעה הלא מיוחלת מאמא שלי: ״באבא נפטר לפני כחצי שעה״. כבר לא הופתעתי, אך מפל הדמעות

החל שוב לזרום. וכך, דומעים ומאוחדים כל כך באהבתנו ובגעגועינו לשני האנשים המדהימים הללו, נאנא (שנפטרה בדיוק שישה חודשים קודם לכן) ובאבא, שכל כך השפיעו על החיים שלנו, המשכנו את החלק השני של המסע לישראל, לשבעה.

השבעה

הבית מלא באנשים, אנשים שהכירו את סבא הלל מנתניה, מחנות הרהיטים שהייתה בבעלותו יותר מארבעים שנה, בני משפחה, מכרים. חברתי הטובה קרן, שהייתה מורה אצלי בסטודיו ליוגה, הגיעה גם היא לניחום אבלים. ישבנו בסלון הצופה לים ולפתע החלה קרן לגרד בחוזקה באוזנה הימנית. "קרן, מה קורה לך?" שאלתי והיא ענתה לי בקול רועד: "מישהו מנסה לדבר איתי, נראה לי שזה סבא וסבתא שלך." שתינו השתתקנו לרגע, מהשוק של מה שיצא מפיה.

חשוב לי לציין שקרן מעולם לא עסקה בתקשור. היא הייתה אז גננת לחינוך מיוחד ובשעות הערב עסקה בהוראת היוגה כתחביב. היא המשיכה לדבר ולמסור לי מסרים מסבא ומסבתא, כאשר הראשון והחשוב בהם שעבר מסבא שלי היה: "אכן היית איתי בזמן השואה," ועוד הוסיפה: "היית אחותי הקטנה רחל." ושוב מפל הדמעות המוכר התחיל לזלוג מעיניי.

ראשית, לא ידעתי על דבר קיומה של אחות צעירה יותר. תמיד ידעתי כי סבא הלל היה הצעיר בין אחיו. התברר שרחל הייתה הצעירה בבנות. שנית, היה זה כמו זיכרון פנימי וידיעה ואמונה עמוקה, שכל מה שחוויתי עוד מימי ילדותי – זוכרים ששיתפתי על הסיוטים החוזרים והנשנים בלילה שהיו מנת חלקי? – אלו היו פשוט זכרונות מהגלגול שלי כילדה צעירה בהונגריה של מלחמת העולם השנייה.

קרן, שהייתה בשוק ממה שקורה ויוצא ממנה ודרכה, המשיכה להעביר את המסרים בשקט וביראה. באחד מהם אמרה לי מפורשות

לגשת לחדר השינה של סבי, לפתוח את ארון הבגדים שלו ולשלוף מהז׳קט שלבש סבא באחד הימים האחרונים גוש של מסמכים חשובים.

אני מודה שבליבי חשבתי שאולי אמצא שם איזה אוצר כמו בסרטים, או איזה חשבון בנק סודי עם ירושה גדולה, אך לא זה מה שקרה. לא היה שם שום דבר מסוג זה, אלא צרור דפים קטנים שעליהם שרבט באבא אמרות, פתגמים ומשפטים שהגה. וכן, הייתה שם גם רשימת השמות של כל בני משפחתו, משפחת כהן מדרצ׳קה בהונגריה, עם תאריכי הלידה של כל אחד מבני המשפחה, כולל אחותו הקטנה, רחל.

סיום הסיפור מרגש והזוי עוד יותר, שכן במהלך השבעה, כאשר עברנו לתומנו בין מאות התמונות שסבא וסבתא שמרו בקופסאות בסלון, נמצאה לה תמונה ישנה, בשחור לבן, של ילדה קטנה עם פפיון בשיער ושמלה חגיגית.

להפתעתנו המרובה, על התמונה מאחור היה רשום שמה של רחל הקטנה ומקום הצילום, בודפשט בשנות השלושים. אולי עולה בך השאלה ההגיונית, כיצד הגיעה תמונה אחת ויחידה של ילדה מלפני השואה אל ביתו של סבי? והתשובה היא, ששתי אחיותיו הגדולות של סבי (וכנראה גם שלי:) אשר הספיקו לברוח לארצות הברית לפני מלחמת העולם, לקחו עימן תמונה של אחותן הקטנה וכך הגיעה התמונה לסבי.

בעשר השנים האחרונות, מאז שעברנו לארה״ב, אני מארחת בביתנו ערב ״זיכרון בסלון״, עוד לפני אפילו

שהיה משהו מובנה בשם הזה. בכל שנה, אני מספרת את הסיפור המרגש של סבא שלי וכיצד התגלגל דרך מחנות עבודה וכפייה שונים, איך המציא את עצמו בכל פעם מחדש, איך כמעט איבד את חייו שוב ושוב וכיצד ניצל בסוף והתאחד עם אביו, וכמובן על הקשר המיוחד שהיה בינינו, והגילוי המדהים על רחל הקטנה. זוהי ללא ספק הייתה אחת מנקודות המפנה בחיי, שהעמיקו את האמונה שכבר הייתה בי לגבי העולם שמעבר, על היותנו נשמות בגוף אנושי שבאו לחוות התנסויות ועל כך שרב הנסתר על הגלוי.

תקשור 2020 — מדיטציית הוויה

שבי בשקט מוחלט, הרגישי את האהבה, היי האהבה, דמעות נופלות כי את יודעת, את מרגישה את האהבה, את השפע, זה לא משהו שאפשר לתארו במילים, אלא להרגיש ולחוות בעצמך. את ב"מרכבה", את מוגנת, את באור, הכול מגיע מהלב והסוד הוא לרפא את הלב, לא רק שלך, אלא של האנושות כולה. את כל כך פצועה, כל כך פגועה, חושבת שאת לבד, שכולם נגדך, זה שקר. כולכם מאוחדים ומחוברים על ידי האהבה האינסופית שבאה מהמקור, את המקור, וכל עוד תמשיכי לפעול כאילו את נפרדת, יותר צער יהיה נוכח בחייך.

ברגע שתשתני ותקבלי זאת, הכול ישתנה בתוכך. זה יכול להיעשות בצורה פשוטה מאוד. הקשיבי, הרגישי את זה ואחרי זה תוכלי לחזור על כך ולכתוב את זה. עכשיו פשוט שחררי ותחווי את מה שאנחנו מביאים אלייך. במקום הזה, כל הריפוי, כל היצירה, כל ההגשמה, הכל קורה...

ישבתי במדיטציה במשך 30 דקות, לא הרגשתי את הזמן שעובר, ולא את נשימתי. הייתי בדמעות, חוויתי את הדברים הבאים ועכשיו אני מזמינה אותך להצטרף אליי לתרגול המדיטציה.

המקום המאושר שלך

עצמי עיניים ודמייני את המקום המאושר שלך, איפשהו בטבע, מקום שבאמת משמח אותך. בין אם היית בו פעם, ובין אם ראית אותו בסרט או בדמיונך. ראי מה מקיף אותך, על מה את דורכת, הריחי, חושי, הרגישי: האם זה ליד האוקיינוס? הריחי את המלח, שמעי את רחש הגלים, הרגישי את החול מתחת לרגלייך. האם את ביער טרופי? הקשיבי לצלילי הציפורים, הביטי בעצים הגבוהים. האם זהו המדבר? חושי את מרבדי החול האינסופיים, את השקט. היי במלואך שקועה במרחב הזה שבו את נמצאת כרגע, ברגע הזה, תוך שימוש בדמיון שלך או בזיכרון המתוק שלך.

אינסוף שבילים

עכשיו דמייני שמולך מופיע הר גבוה ועוצמתי, הניצב ממש מול עינייך. הוא כל כך גבוה ויפה, מכוסה בצבע ירוק, בעצים יפים, בפרחים בכל הצבעים. יש לך קריאה פנימית ללכת לכיוון ההר הזה. ככל שאת מתקרבת יותר ויותר, את רואה שיש עליו כל כך הרבה שבילים, אבל כולם מובילים לפסגה שהיא תלולה מאוד. את יודעת בדיוק איזה שביל לבחור, זה בדיוק השביל בשבילך, ואת מרגישה כאילו שאת נמשכת בדיוק לשביל המסוים הזה.

כשאת מתחילה ללכת על השביל הזה, שאותו בחרת, את מרגישה יותר ויותר רגועה. את מרגישה בטוחה ומונחת מבפנים. נראה שהשביל הזה שלך כל כך קל וקצר לטפס עליו ולפני שאת שמה לב, את כמעט בפסגה, והנה הגעת.

כשאת מגיעה לפסגה, את מוקפת בנוף היפה ביותר שאי פעם נתקלת בו. למעשה, מעולם לא ראית כל כך הרבה יופי במקום אחד, את ממשיכה לצעוד קדימה ולפתע רואה גוף מים צלול, זהו האגם המדהים

ביותר שאי פעם ראית, צבעו כל כך תכול והוא ממלא את כל פסגת ההר השטוחה. את מתיישבת ממש על שפת המים, מרגישה רגועה, שלווה, אהובה ורצויה, כאילו זה המקום המדויק שבו את צריכה להיות עכשיו, כאילו כל חייך חיכית בדיוק להזדמנות הזו.

ההשתקפות

כשאת מביטה במים הצלולים והשקטים, את רואה את עצמך, משתקפת במים. הביטי עמוק לתוך עינייך והרגישי את האהבה שעולה מבפנים, שמטהרת אותך, הירגעי והרפי עוד ועוד. עכשיו, הביטי היטב בעיניים המביטות בך. אלו העינים שלך המשתקפות כמראה דרך המים הצלולים. המשיכי להתמקד בעינייך וראי עצמך כילדה קטנה, משחקת עם בן משפחה אהוב. תוך כדי שאת ממשיכה להתבונן בדמות הנשקפת מולך, היא מתחלפת והנה את רואה את עצמך כתינוקת. המשיכי להרפות עוד ועוד מכל מחשבה, מכל אמונה מגבילה. המשיכי להתבונן במים ובעיניים שמולך. עכשיו, את רואה את עצמך כאדם צעיר מהמין השני, ככל שאת מביטה עמוק יותר ויותר, תמונות שונות באות צפות ועולות ועוברות מולך, דרכך.

ייתכן שתראי את עצמך באפריקה, במזרח הרחוק, ואולי בים התיכון. ייתכן שתראי את עצמך כחייל, או כילד תמים, כאישה זקנה מאוד המרפאה אנשים בדרום אמריקה, או קצין פצוע, עקרת בית מסורה וענייה, עובד אדמה או איש ים. לא משנה מה מגיע ומה את רואה, את יכולה לזהות את עצמך בכל תמונה ותמונה. כן זו את, אלו חלקים מנשמת העל שלך, זה הכול את, ילדה של אהבה, עוד ועוד אהבה זורמת בתוכך, סביבך, את יודעת שאת אהבה, את האור, את השפע, את ראויה, את אני, את אחת עם הכול.

הוויה

עכשיו יש רק אחדות. את חלק מהמים, מההר, מהעצים, מהשמיים. את מתמזגת עם המים, עם ההר, העצים, השמיים, הענן, הגשם, האדמה, את מתרחבת ומתפשטת לכל הכיוונים, את אחת עם הכול, אחת עם היקום, אחת עם אלוהים.

הוויה, יהוה, הוויה.

סרקו את הברקוד המצורף להאזנה למדיטציית "הוויה" המוקלטת בקולי:

שער שני:

המרכבה או
מקדש הגוף הפיזי

”כל אדם כפי שורשו, מעשיו ומהותו, צריכים להנחותו
בדרכים ועצות, באופן שישוב אל מקומו”

ליקוטי הלכות או”ח סוכה ז, ד (”אין מקום רחוק”, רבי נחמן מברסלב)

תקשור 2022 ארה"ב – למרק את הכלי

בעברכם, ידעתם כי על מנת לשוב אל האחדות, היה עליכם לוותר על גוף החומר, ואילו כעת מגלים אנו לכם מידע חדש: השער של הגוף הפיזי – המרכבה, שביחד איתה עושים אתם עכשיו את מסע ההתעלות אל האחדות. על מנת להיות מסוגלים לעשות זאת, עליכם לשכלל את הכלי, למרק אותו, לנקות אותו, לעדן אותו, לקבל ולאהוב אותו, להזין ולהשקות אותו כך שיבשיל ויחזור להיות הכלי האולטימטיבי להתעלות.

מה נאמר על המרכבה, אותו כלי מופלא שקיבלתם למסע חיים זה?

הכלי משתנה הוא מגוף לגוף, מחיים לחיים, אבל העקרונות שלו זהים ותמיד יכולים להיות מותמרים, להפוך למרכבה מופלאה ולהתעלות בכל רגע, והרי אין שום רגע מלבד הרגע הזה. אבל ראשית, על הגוף הפיזי להיות במצב מסוים, בהרמוניה מסוימת. אין גוף חולה או מותש, או שאינו באיזון, יכול לעסוק בעילוי ובהתעלות, כשם שאין תא חולה יכול להתעסק באנרגיית חיים לגוף כולו. ראשית עליו לשדר בריאות ואיזון, ורק אז יכול לעסוק בהרמוניה, ביצירה ובהתעלות עם שאר התאים כולם. התא הוא שיקוף מוחלט של האדם. התא כביכול בודד הוא, אך הוא רכיב יחיד, שביחד עם כל תא אחר מרכיב את הבריאה, שהיא הגוף הפיזי. כך גם האדם, יחיד הוא, אך יחד עם אחיו ואחיותיו, מרכיב את הבריאה ואת האלוהות כולה.

מהו כאב וכיצד ניתן להתמיר אותו?

בואו נעסוק לרגע בכאב, כי חשים אנחנו שחשה את כעת כאב ברקה הימנית שלך.

מהו אותו כאב?

כְּ...אָב = כמו אבא

הכאב בא להזכיר לך שאביך – האלוהי – תמיד בך ושבזמן זה עלייך להיזכר בו, כי שכחת וכך יצא משהו מאיזון. עם ההיזכרות בו, באלוהי שבך, "כ־אב", כמו אבא, בעת ההיזכרות יכולה את, ויכולים אתם, להסיר הכאב מעליכם כהרף עין, לשחררו ולהתמירו לאהבת אב, אהבה אלוהית לעצמכם.

בואי נתרגל זאת כעת בכמה שלבים:

1. **לעצור ולהתבונן בכאב**
2. **להתמסר, להתרכז בכאב**
3. **לקבל את הכאב = כְּ...־אָב**
4. **לשלוח לו אהבת אב – אהבה עצמית אלוהית**
5. **להתמסר למהות של אותו איבר/אזור בגוף ולקבל אותו: רקה, רכה את אהובה, לקבל את הרכות בתוכך: "היום אהיה רכה עם עצמי ועם סביבתי"**

ובמקום פיתוח ההקשבה הזו, החיבור הפנימי והסנכרון עם הגוף, מה עושים אתם בני האנוש? מנסים בכוח ובעזרים חיצוניים לסלק מעליכם כאב זה – שהוא סימן אלוהי – באמצעים חיצוניים. בכך, לא רק שמדכאים אתם את השיח הפנימי האלוהי, אלא שבוחרים אתם להכניס לגופכם רעלים כאלו ואחרים שיגרמו לחוסר איזון, שיתבטא בדרכים רבות ונוספות, ושיהיה עליכם להקשיב ולרפא אותו.

"זה קל נורא," אומרת את בראשך, "להיות עם כאב ראש כזה או אחר, או מחלה קטנה או תחושת חולי, אבל מהו הדבר כאשר מדובר במחלה כרונית או במשהו עמוק וכאב בלתי נסבל?"

מפת דרכים

ואכן צודקת את, אך כאשר תלמדו להתנהל עם גופכם כמפת דרכים למקומות שבהם האהבה אינה זורמת, אינה שופעת, לא תגיעו מלכתחילה לאותם מצבי קיצון של תחלואות חמורות שונות ומשונות. לכל איבר צופן ומהות משלו וכשתלמדו את מפת הצפנים הזו תזכרו להעניק לגופכם את האהבה, הזרימה וההקשבה הראויים לו.

שימי לב, שכאשר הבנת את, בעת המדיטציה העמוקה במים, שכל כאבי הראש שלך והמיגרנות, שסבלת מהם במשך חמישים שנים, היו תוצאה של כיווץ, פשוט בשל התנגדות לרגע הזה ולמציאות הנשקפת אל מול עינייך, בן רגע שחררת סממן זה מיומך כליל. רק לזכור שכאב הראש הוא התנגדות לקיים, למלא באהבת אב – אהבה עצמית, לנשום ולזרום.

הרקה מבקשת ממך לא רק שלא להתנגד למתרחש, לזרום איתו ולא לכווץ, אלא בנוסף לכך להיות רכה עם עצמך ועם הסביבה בכל רגע ורגע. כך שבכל רגע של קשיחות, של קשיות, לעצמך או לסביבתך, הרקה=הרכה תתעורר להזכיר לך. רקה ימנית קשורה למוח הימני, לאנרגיה הנשית האלוהית שאיתה אנו עובדים כעת. הרקה השמאלית מייצגת את האנרגיה הזכרית האלוהית.

בואי ניקח את הרגליים שלכם, שהן הבסיס של הגוף ומניעות אתכם ברוב המקרים: ישנן האצבעות והקרסול, כף הרגל והשוק, הברך והירך ובסופם האגן, שמחבר הכול ומאפשר תנועה. כל איבר כזה והמהות שלו הייחודית: האצבעות כמו מייצגות את העשייה הפרטנית, את הנגיעה הייחודית שלכם על פני האדמה. הכף היא רכות, המגע עם אמא אדמה והדריכה עליה. העקב הוא היתד שננטע ראשון בהליכה שלכם, הוא מתווה את הדרך ואחריו מגיעות האצבעות. הקרסול הוא שמאזן את הכף ללכת ישר, מאוזן. השוק היא כבר הצמיחה כלפי מעלה, מן האדמה אל עולמות החומר הגבוהים יותר. הברך מחברת בין השוק לירך, מברכת היא את הצועד בדרך ואילו

האגן מניע את הרגליים ומחברן לגוף כולו, לחלקו העליון. כל חלק פועל בהרמוניה עם שאר החלקים, וכל אחד אינו יכול להתקיים בהרמוניה בלי שאר חלקיו.

מערכת הרבייה שלכן, הנשים שבחבורה, בנויה היא מאיברים איברים בדומה לפרחים בטבע, מקום הצוף שאליו מגיע החרק להתבשם ולינוק משיכר הבריאה. כל איבר ומהותו שלו:
הרחם הוא האם שמכילה הכול
השחלות הן היצרניות
החצוצרות הן כלי הקיבול
ואיברי המין עצמם הם הפתח להיכל ההיכלות.
שחלות המייצרות פוליפים, לדוגמה, הן יצרניות יתר על המידה, משהו בהן יצא מאיזון וצריך להיזכר במהותו הטהורה והאלוהית וכך לחזור לייצר ביצית אמיתית טהורה ובריאה או ריבוי ביציות.

בואי נחזור לרגע לגוף כולו ככלי קיבול. כמכל המכיל לא רק את האיברים, הדם והחמצן, אלא כמובן את כל הגופים הרכים שעיניכם המוגבלות כעת אינן תופסות: הגוף הרגשי, הגוף המנטלי, הגוף האנרגטי, הגוף האסטרלי, כל אלו אחד עם הגוף הפיזי שאותו קולטים אתם בחושים שלכם, אין הפרדה.

תקשור ספטמבר 2023 — המרכבה

בואי נמשיך עם השיעור של הגוף הפיזי – המרכבה.

הגוף הפיזי, שם מצחיק וכמעט אירוני נתתם לכלי הקיבול המיוחד הזה שהוא גופכם. אפשר לומר עליו דברים כה רבים, אבל הביטוי, הגוף הפיזי, יש בו מן הסתירה. גוף זה הוא אנרגטי כולו, כל תא כל איבר, כל חלקיק. עיניכם הפיזיות מוגבלות בראייתן, במהירות קליטתן, ועל כן

בעיניים רגילות, שאינן אמונות, אינכם יכולים לראות שהכול הוא אנרגיה. שהאנרגיה, הפראנה, הצ'י או כל שם אחר שנתנו לה בדתות ובעמים שונים, היא בתנועה מתמדת וכך גם גופכם, אלא שאינכם רואים זאת כעת.

כשאין תנועה, אז יש באמת משהו פיזי תקוע. כאשר אין זרימה, כאשר באזור, תא או איבר, קרתה הטראומה, בין אם חיצונית או פנימית, רגשית או מנטלית, אז כמו הסכר האינסופי, הזרימה פתאום נחלשה או נעצרה לחלוטין. זהו בשפתכם, חולי, מחלה, תפקוד לא תקין. כשהדבר אך מתחיל, יתבטא הוא בחוסר איזון, בכאב, אך אם זה לא יטופל, יהפוך לסטגנציה, לתקיעות, לחולי, לדלקת, לסרטן או למוות של התא של האיבר.

הבשורה: יש לכם את כל היכולת לחולל ריפוי, להסיר את התקיעות והחולי באמצעות מילים מיוחדות הנאמרות, באמצעות מזון נקי שהוא הרפואה של הגוף, באמצעות שינוי וניקוי התודעה. ואת כל זה נלמד אותך אנו, אט אט, כך שתוכלי להתנסות בדברים קטנים ושוליים בגופך, בגופים של אהובייך ואז בכל גוף וגוף סביבך, כי הגוף הוא אך ורק אנרגיה, גושים גושים של אנרגיה שחברו להם יחדיו כדי ליצור את אשליית הגוף הפיזי.

בדיוק כשם שלא יעלה במוחכם לתפוס ענן בשתי ידיכם ולתחום אותו, כי נע ונד ומשתנה הוא כל העת, כך בדיוק גופכם הוא, רק באזורים מסוימים, התדר, הוויברציה=האנרגיה דחוסה יותר, בתדר נמוך יותר מאותו ענן שממעל.

תקשור 2024, ארה"ב — סודות הריפוי

נשמי אהובה, נשמי אל ליבך, אל גופך, אל הכלי המדהים שניחנת בו בעת הגיעך לכדור ארץ זה. את בחרת בו, והוא אשר אמור לסייע לך לעבור את השיעורים, הלימודים והתכנים שבחרת להתמסר להם בזמן זה, כעת, בעידן זה.

אכן גלגולים רבים ומשונים היו לך בכדור הזה, כדור הבחירה החופשית וההתנסות. חיים רבים בחרת בקושי, בכאב, בעינוי, בחסר, אולם לא כעת. כעת, חווה את בדיוק את ההפך, את כל היש שיש לבריאה שלנו להעניק. את כל הקסמים, הכלים, הטוב שיכולים אתם לבחור להכניס לחייכם. אין זה שאת מיוחדת או שונה, יקירה. יודעת את שאוהבים אותך אנו אהבת אין קץ, אך חשוב לנו להבהיר לכל קוראייך, שכל אחד מכם, יקירים, הוא אהוב עד אין קץ. כל אחד הוא יחיד ומיוחד, שכן איו שני לו בבריאה כולה. כוונתיו היא שאין אפילו יצור אחד שהוא בדיוק כמו יצור אחר.

וכן, בדרככם פה, חלקכם ימצאו את הייחוד המיוחד, המייחד אתכם משאר הבריאה. כשתמצאו זאת, תוכלו ותהיו מוכנים להעניק מייחודיות זו, מצוף ייחודי ויקר ערך זה, לכל הסובבים אתכם, שכן זו מתנת ההשפעה.

ברגע ששופעים אתם מבפנים, ומתמלאים בשפע הפנימי, מגיעה העת לשפוע ולהשפיע זאת החוצה. אין יכולים אתם להישאר עם כל הידע, המידע או המתנות ורק להפנימם, אלא להשפיעם, להעניקם בכל מאודכם לסובבים אתכם, למשפחותיכם, לחבריכם, לתלמידיכם, לעמיתיכם, לבריאה כולה.

המשיכי לנשום אהובה, והמשיכי לקבל תדרים אלו אל תוך מוחך החד והמיוחד, שכן חדה את כתער בכל אשר נדרש במוחך השמאלי. אך באותה העת, ניחנת ביכולת מופלאה לדעת להניחו בצידו כאשר משוחחים אנו עמך טלפתית, בתוך מוחך הימני, ובכך פיתחת יכולת מופלאה שאין רבים שניחנו בה, משום שתרגלת זאת עידנים רבים ואין היכולות הללו חדשות לך.

אין זה אומר שנשמות אחרות אינן יכולות לפתח יכולת זו, אך הדבר יהיה כרוך בתרגול, בלסמוך, בלשחרר פחדים – מה שממך נחסך, אהובה יקירה, בזכות תרגולייך הרבים כמחוברת לבריאה, בעת היותך בגופים אלו ואחרים, בין היתר כאחד מהאיסיים באזור קומראן, כפי שכבר נאמר לך בעבר.

(במהלך התקשור עולים במוחי הדברים הבאים:

"אני מבקשת לקבל כלי אמיתי של ריפוי שיכולה אני ללמד את האנושות סביב.

"אנא פתחו בפני את כל המידעים האיזוטריים לריפוי, שכן האנושות משוועת לריפוי טבעי. נהיית אני חולה רק מהמחשבה על כל אותן תרופות, אמצעים כימיים אשר ניתנים כמזון לכל דורש בטענה של ריפוי ויוצרים הם עוד חולי ועוד מיגון בינינו לבין האמת האפשרית בפנינו")

אהובה יקרה, אמרת בעצמך את אותם דברים שאנו רואים ממעל, אך איננו יכולים לעשות דבר, שכן הבחירה החופשית נתונה רק לכם יקרים. עד שלא תבחרו במודע לחזור ולהיזכר, שכוחות הריפוי הוטמעו בגופכם טרם הולדתכם, לא תוכלו לשחרר תלות זו בעזרים חיצוניים.

יודעים אנו כי את עושה שימוש בהומאופתיה, תורה מופלאה לריפוי והחזרת הזיכרון של הריפוי הטבעי לאדם באמצעות מיצוי מהצומח, הדומם והחי. אך אומרים אנו לך שכעת, ברמת המודעות הגבוהה שהגעת אליה, אין את צריכה אפילו לא את זאת, שכן כל רצונך מגופך יינתן לך.

ציווי חוכמת הגוף והתבונה האינסופית (Innate)

עוד הסבירו לי זאת:

לראשונה נחשפת לציווי חוכמת הגוף המופלאה דרך חברינו קריון, אותו **Innate** שעושה בו את שימוש כבר זמן לא מבוטל, הוא אכן מילת הקוד לכניסה לקידוד הבריאות בגופכם הפיזי, המנטלי, הרגשי וההרמוניה בין הגופים כולם.

הערת המחברת:
בתקופת מגפת הקורונה, לקחתי את אמא שלי לכבוד יום הולדתה השבעים לסדנה ייחודית בסדונה, אריזונה, עם לי קרול, המתקשר במשך שנים רבות את הישות המכונה: "קריון". במהלך ארבעת ימי הסדנה נחשפנו למידעים מרתקים, שחלקם עסקו גם בריפוי הגוף, ושם לראשונה נתקלתי במושג Innate. בספרו "12 רובדי ה־DNA", (יצא בעברית בהוצאת אהבה, 2010), מציג לי קרול באמצעות קריון את ה־Innate ובעברית: "המולד", כחלק האינטליגנטי של הגוף, זה שמבין את כל מה שקשור לבריאות ולאיזון הרוחני. ה־Innate אחראי על ריפוי ספונטני ועל הבנה עמוקה של מה שהגוף זקוק לו.

אכן בשפתכם, בשפה העברית, קשה הוא התרגום למילה Innate, ועל כן לצורך הפשטות, נמשיך להשתמש בקוד זה. אולי בהמשך נמצא לו מקבילה בשפתכם –"התבונה האינסופית", יכולה את לקרוא לה, אם כי זו נמצאת סביבך, בתוכך, בכל הסובב אותך ואכן, גם עליה יכולה את לצוות, לקודד, כדי שתפעל למען טובתך העליונה.כמה חוקים עליכם לזכור כאן בשימוש בכוח מופלא זה:

לעולם, הוא משמש רק לטובתו של העולם ולטובתו של האדם.

לעולם, יעשה הוא בדיוק כפי המבוקש ממנו, ועל כן שימו לב במטותא לכל מחשבה, מילה או מעשה ששותלים אתם בו, שכן הכל נרשם ומבוצע לאלתר.

לעולם יכול הוא להשפיע על התא הקטן ביותר, הבודד, שאינו בודד הוא לעולם, אלא חלק מהגדול האינסופי, ובאותה העת יכול הוא להשפיע על הדבר הגדול ביותר, על היקום כולו: As above so below so within

העת המדויקת ביותר לחיבור עם התבונה האינסופית לשם ריפוי היא כאשר זהו הדבר האחרון שעושים אתם לפני עצימת עיניכם בלילה,

והדבר הראשון שעושים אתם, כאשר פוקחים אתם עיניכם שוב בבוקר עם אור ראשון.

ועכשיו בואי נפרוט מעט וניתן כמה דוגמאות לשימוש ביכולת הקוד המופלאה הזו:

לדוגמה, יש לך פצע במצחך, אשר מגדל הוא עור שוב ושוב, אך העור נופל ואינו מגליד וחוששת את שמדובר בסרטן העור: עצם מחשבתך לכיוון זה מפעילה את כל כוחות הטבע על מקום זה ויוצרת את שטומנת את במחשבתך. עצרי, בטלי כל זאת במחי יד, ובחרי בהוראה מדויקת לריפוי ולהרמוניה של המקום:

אמרי:

"תבונה אינסופית אשר בתוכי ומקיפה אותי, רפאי את הפצע במצחי אחת ולתמיד. אפשרי לו להגליד בטבעיות, לצבע העור לחזור לטבעו ולתאי העור הלא מאוזנים להתפרק, להתמוסס ולפרק את הזיכרון של תא סרטני. רק תא עור חדש, בריא והרמוני, גדל במצחי ועורי בריא כעת. תודה, הללויה. זה נעשה זה נעשה זה נעשה"

אמרי זאת לילה וערב, חזרי ושובי ואמרי עד שתראי כי אין זכר לפצע זה, למקום רגיש זה, ללא כל עזר אחר. בכל עת שמחשבה שונה עולה במוחך השנון והיפה, מיד הפכי אותה למחשבה הפוכה על טיבו המדהים והבריא של עורך בכל גופך.

כן, פשוט כל כך, מדוע? כי כך הוטמן כוח הריפוי בגופכם, זוהי פעולתו הטבעית. החולי הוא הלא־ טבעי, החולי הוא משהו שיצרתם במחשבה שלכם ואז בגופכם ואין לו מקום עוד כאשר יודעים אתם שמהות בריאתית אינסופית זו מהותכם.

הערת המחברת:
כאן אני מרגישה צורך לשתף שאחרי תקופה ארוכה שבה לא בדקתי כלל את העור שלי, הגעתי לרופאה מדהימה בביקורי האחרון בארץ, מנהלת מחלקת סרטן העור באיכילוב. אחרי שיחה מרתקת שהייתה לנו ובדיקה מקיפה של כל נקודה ונקודה על גופי ("מנוקדת," היא קראה לי), הרגיעה אותי הפרופסורית, שמדובר בתחלואת עור קטנה ושעל ידי צריבת המקום העור ייֵרפא ויחזור לצבעו ולמראהו המקורי. ואכן כך היה.

רשת אנרגטית

אם צריכה את דימוי ויזואלי יותר, דימוי הרשתות שכרגע מוקרן בתודעתך יכול לעזור:

דמייני שגופך בנוי שכבות שכבות של רשתות קוד אנרגטיות, כמו בסרטים שלכם, שבהם רואים אתם כמעין סורק העובר על גופכם מעלה ומטה. רשתות אלו מרכיבות את כל אשר לכם, החושים שלכם, האיברים שלכם, כלי הדם, הרגשות, המידע שאתם מחזיקים.

כל אחד מאלו הוא רשת קוד אשר מקיפה אתכם ועוברת בתוככם. בעת שאפילו מתחילים אתם לחשוב על חולי מסוים, או עיוות, או זקנה, או יציאה מאיזון של תא, איבר, אזור בגופכם – ראשית מתהווה זה באחת הרשתות שלכם. אז נתונה, כתמיד, רשות הבחירה: האם להכניס עיוות זה לתוך גופכם, או להמיסו, למוססו ולנקותו מרשתכם.

הבחירה תמיד בידיכם, אהובה, והנה משום מה בוחרים אתם, שוב ושוב, למשוך חוליים, עיוותים ועדכונים שגויים אלו לתוך השדה שלכם. מדוע? משום שנשטפים אתם בכל כך הרבה מידע לא נקי המציף את התודעה שלכם, עד שמתחילים אתם למשוך את המידעים הללו ולהפכם לדברים הזמינים במציאות שלכם, ברשתות המקיפות אתכם ואז גם ברשתות המרכיבות אתכם.

אך כידוע לך, אהובה, הכול הוא אנרגיה, גם רשת כזו או אחרת שיצאה מאיזון, או מציגה עיוות או חולי היא אנרגיה ויכולה את לבחור למושכה אלייך, או למוססה ולשלוח אותה חזרה אל הבריאה כולה, להתמרתה למען טובת הברואים כולם.

ועתה מודים אנו לך על פועלך, על הקדשתך למידעים נעלים אלו. אנא שבי עמנו גם מחר באותו הזמן ובאותה השעה להמשך הלימוד ובינתיים זכרי להטמיע את שפרסנו בעבורך. שכן הריפוי מתחיל בך, וכל אשר עובד לך יעבוד גם לאחרים הסובבים אותך וכך תעלי ותתעלי ותגבירי את העברת המסרים והמידעים לבריאה כולה, הללויה.

תקשור 2013, נתניה – חיבור אדם לאדמה

ועתה אל השיעור היומי, ומהו היום? אדמה. החיבור שלכם אדם אל אדמה, אשר ממנה באתם ואליה תשובו. מדוע אתם פוגעים כל כך באמא אדמה?

חלק ממה שעלייך לדבוק בו, ללמד ולהעביר, הוא ידע הנשמה וכיצד לחבור למקור. מקור האדם הוא באדמה.; האדמה שבה ה' האלוהית. באדם נלקחה ה' זו והוטמנה במעמקים כך שיצטרך האדם לחפשה ולהיזכר בהימצאותה בתוכו, ועל כן ניתנה לו האדמה לעבדה ולכבדה. כיום, אנשים יקרים, מאבדים אתם אותה בא', וכך סובלים מפצעיה וממכאוביה.

השכילי לעשות שינוי מעין זה בביתך. טפחי את האדמה סביבך, גדלי הפירות והירקות בביתך עם ילדייך. חסכי בחומרים מוכנים, מעובדים ומסוכרים, ועברי לתזונה טבעית יותר קרובה אל הטבע: גרעינים, זרעים, הנביטי נבטים, כל אלו חשובים הם מאוד לבריאותכם וחוסנכם. מיצים טבעיים, הרבי להכינם, וודאי שהם מהווים ארוחות עבורכם.

הקטיני את כמות המזון שאותו אתם צורכים, אכלו רק כשרעבים אתם. מנגנון נפלא טמון בכם איך לדעת רעב מהו – אך אתם מסרבים

להקשיב ולהשתמש בו ובמקום זאת אוכלים בכל רגע שבו אתם רואים אוכל או בשעות קבועות.

לגופכם, אם רק תתנו לו, יש את הידע המדויק עבורו כמה לאכול ומתי, מה וכיצד. האם לאכול חלבון או פחמימה, מורכבת או פשוטה, סוכר או שומן. רק הסכיתו ותנו לו לומר את דברו, ונתקו את הרגש מהאכילה, שכן זו האחרונה ניתנה לכם כדי להשביע ולהזין. והזנה זו היא גם ברמה הרגשית והנפשית, אך רק ממזון גבוה. אם תכבידו אתם על מערכת ההזנה שלכם, תקרוס היא ותשאב מכם את כל האנרגיה שאותה אתם צריכים לאינסוף פעילויות אחרות כגון: רבייה, חשיבה ויצירה, עשייה ועוד.

הרבי בשתיית מים רגילים נקיים וחמימים, באכילת פירות וירקות. ירקות מעט מאודים כדי שגופך יעכל אותם בקלות, ופירות – במשורה. יותר במסגרת מיצים שכן אז כל הרכיבים הטובים יוצאים ומחטאים את גופך. ממליצים אנו להימנע מאוכל מן החי, אך אם אוכלת את אותו טהרי אותו ראשית ונקי ושחררי את נשמתו הכאובה מהסבל שחווה. טהרי אותו מאנרגיות שליליות של פחד ומוות, כך שייכנס לגופך ולא יותיר אנרגיות אלו שם.

הרבי באכילה מן הטבע, קרוב ככל האפשר לטבע, שכן זהו מקור האדמה וכך תחזרו ותשיבו לעצמכם את אותה ה' אלוהית שהייתה שם מלכתחילה והוצאה מהאדם.

היי ברוכה יקרה, עשי שינוי זה בגופך למען תתמירי אותו. ברוכה תהיי, ברוכים אתם בני האור, ברוכים אתם, השמים והארץ וכל הברואים על פני האדמה. אומני.

סרקו את הברקוד המצורף להאזנה למדיטציית "החיבור לאמא אדמה" המוקלטת בקולי:

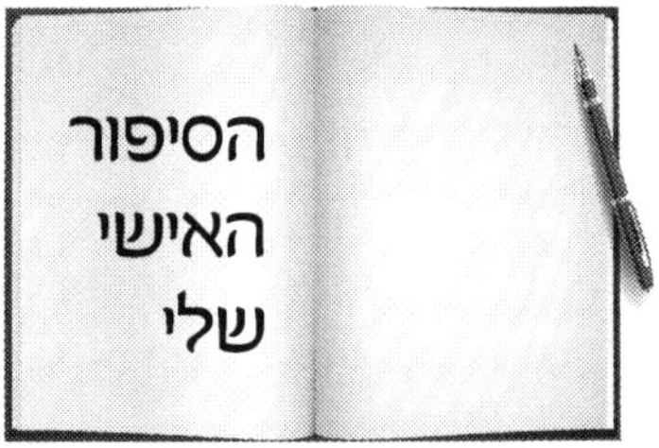

אקמולי ונוסידקס היו כמו פטל לשתייה

בבואנו לדבר על מקדש הגוף הפיזי, רוצה אני לשתף בחוויית הריפוי האישית שלי ושל משפחתי הגרעינית, שהתחילה כמעט לפני 15 שנים. בילדותי, כמו במשפחות רבות בארץ בשנות השבעים והשמונים, גדלנו וחונכנו על כך שהרופאים בחיינו הם ממש כמו אלילים. על כל דבר קטנטן פיזי שהיה לי או לאחיי, מייד הוצאו התרופות והשיקויים מארון התרופות, מיד נקבעה פגישה אצל רופא המשפחה היקר שהיה לנו דאז (ד"ר מרדכי שרייבר ז"ל – הוא באמת היה איש יקר ומיוחד, שנפטר כאשר נדבק בחיידק טורף בעודו מנהל את מחלקת הילדים בבית החולים לניאדו בנתניה). אקמולי ונוסידקס היו ניתנים כמו פטל לשתייה. חום גוף שעולה היה סיבה להיסטריה.

כאשר נולדו שני ילדיי הראשונים, כמובן שהדבר היחיד שידעתי היה לטפל בכל חולי כאב או סבל באמצעות תרופות ורופאים. שני ילדיי סבלו תכופות מהתקפי אסטמה, ברונכיט, דלקות אוזנים חמורות ודלקת ריאות. כל קירור קטן היה הופך לסאגה ועדיין לא התעוררו

בי הרצון, הצורך או ההבנה שיש פה משהו מעבר לכך שמבקש גילוי וריפוי. זה קרה רק הודות לילדי השלישי, בן.

הגיע הזמן להתעורר

בן נולד בארה"ב בשנת 2007. באותה שנה סיימתי את קורס מורי היוגה הראשון שלי, ותודעתי החלה להיות מסוגלת להיפתח לדברים שמעבר, אבל היה זה צוהר זעיר ביותר.

בשנה הראשונה לחייו של בן, הוא היה תינוק בריא חייכן וטוב לב. שנת לילה רצופה לא הייתה הצד החזק שלו, אבל כעבור שנה, עם חזרתנו לארץ, גם זה הסתדר. עם היכנסו לגן הילדים בתחילת השנה השניה לחייו, הדברים החלו להשתבש, אבל ממש.

הוא החל לחלות בתחלואים שונים ומשונים. היינו כבר צוחקים (ובוכים) שהפעוט רוצה להיות רופא כשיגדל ולכן דוגם את כל מחלקות בתי החולים המובילים בארץ ובתחומי התמחות שונים. כל קירור קטן הפך מייד לדלקת ריאות ולווה באנטיביוטיקה שכמובן החלישה את מערכת החיסון ואפשרה לתחלואים נוספים לקפוץ על ההזדמנות.

אחד התחלואים החמורים שתקפו את בן היה הרפס מתחת לעינו השמאלית, שעליו התלבש גם חיידק אימפטיגו. הילד הקטן והמקסים הזה הגיע כמה פעמים לאשפוז עם אנטיביוטיקה לווריד כדי לנסות לעצור את המחלה מלהגיע לעינו. מאז, עם כל שינוי קטן, בחייו ובגופו, מייד הייתה מתחילה התרחשות מתחת לעינו, ומייד היינו משקים אותו בתרופת זובירקס דרך הפה. היום, רק המחשבה על כמות התרופות והרעל שנכנסו לגוף הקטן הזה, מכווצת ומצמררת אותי, אבל כנראה שזה מה שהיינו כולנו צריכים לחוות כדי להתעורר.

בנוסף לכל זאת, ביום גשום במיוחד הוא החליק ושבר את עצם הירך שלו, מה שדרש ניתוח חירום וגבס על כל גופו למשך שישה

שבועות. עם הורדת הגבס, המשכנו בשיקום ארוך שבו היה צריך בן ללמוד ללכת מחדש. באותו שלב, כבר הייתי על סף ייאוש. חוסר אונים טוטאלי מילא אותי, ושאלות על שאלות (רק לא בהכרח השאלות הנכונות) מדוע הילד הקטן והמדהים הזה אוסף את כל התחלואים הללו לתוכו וכיצד אפשר לעזור לו.

אולי אחת השאלות כן הייתה במקומה, שכן מהיאוש הגדול הגיעה התשובה מהיקום – מהבריאה. אחת האמהות בגן של בן שמעה את סיפורי ושיתפה שבנה סובל מלידה מדלקות אוזנים חמורות חוזרות ונשנות ושהם נמצאים בטיפול הומיאופתי. "הומימה"? שאלתי, "הומאופתיה."

עד לאותו רגע לא ידעתי כלום על הדבר הזה. אהבתי שסיפרה שהרופא ההומיאופתי המטפל בהם הוא רופא לכל דבר, שעשה המרה לטיפול הומאופתי. זה כבר הרגיע אותי במידה כלשהי ומייד קבעתי תור לי ולבן. בן זוגי היה מאוד סקפטי, אבל זה לא הפריע לנו ללכת ולנסות. במצבנו, לא היה באמת מה להפסיד, כל מה שניסינו עד כה לא צלח, והילד ואנחנו היינו בסבל תמידי.

נפלאות הטיפול ההומאופתי

אני זוכרת זאת כמו היום. ישבנו במרפאה של ד"ר פריד ברמות השבים, בן שיחק לו בלגו ואני ישבתי מול ד"ר פריד ועניתי על עשרות השאלות ששאל. תשאול הומאופתי אולי יכול להזכיר ישיבה על ספת הפסיכולוג. אך אין הוא דומה בשום צורה ואופן לתשאול (אם בכלל היה כזה) אצל כל אחד מהפרופסורים שאצלם ביקרנו במהלך השנתיים האחרונות עם בן, ותאמינו לי שהיינו אצל טובי המומחים בתחומם (אורטופדיה, עין, מין ועור, ריאות).

ד"ר פריד שאל על החלומות של בן, על העדפות של מזונות, חום מול קור, על התנהגות כזו או אחרת. כמובן שעברנו על כל רשימת

התחלואים והחוליים והתסמינים שהיו לו ואז לפתע השתתק ואמר: "ברור, כל התחלואים שאת מציינת, כולם קשורים וישובים על מרידיאן אחד".

איני זוכרת איזה מרידיאן בדיוק זה היה, אבל אני זוכרת את התחושה הזו, שבפעם הראשונה מזה שנתיים האדם הזה שיושב מולי מסתכל על בן כישות אחת, של גוף־נפש־רוח ולא על מערכת ספציפית או איבר ספציפי כאילו הם עובדים בניתוק מהגוף כולו. אני זוכרת גם, שאמר שנוכל לטפל בכל הדברים שמהם בן סובל, אבל שההרפס שיוצא כל העת בעינו ייקח יותר זמן, שכן הוא יושב רדום בגופו ומחכה לכל הזדמנות להרים ראשו. ואכן כך היה!

בתחילה, הרעיון של לא לתת לו אנטיביוטיקה מייד כשמתחיל הקירור שהולך מייד לריאות, היה בלתי ניתן להכלה, במיוחד לבן זוגי. ד"ר פריד הרגיע אותנו שזה בסדר שנמשיך עם האנטיביוטיקה ונעשה הכול במקביל. מה שנתן לי מעט רוגע היה העובדה שידעתי שאני יכולה לבוא לד"ר פריד והוא יקשיב לריאותיו של בן ויידע לומר האם יש דלקת ריאות או לא.

וכך היה, בתחילה עוד נטינו לתת לו גם את התרופות להרפס שהתחיל עם כל שינוי קטן בחייו או בסביבה שלו, והתקררות ולבעיית הנשימה, אך אט אט הדברים נרגעו ותקופות ארוכות יותר של שקט נפתחו בחיינו. כאשר רק היה נראה שמשהו עומד להתחיל, מיד היינו נותנים לבן את "הגלובולים" – כך נקראת הרמדי בהומאופתיה, סוכריות סוכר קטנטנות, המכילות בתוכן את האנרגיה של אותו חומר שיזכיר לגוף להעיר את מערכת החיסון. כך גם הייתי מסבירה לבן, שאלו הכדורונים שמזכירים לגוף שלו לרפא את עצמו. מרגע שההומאופתיה נכנסה לחיינו, הודות לבן, היא שינתה אותם לבלי הכר.

לכן, כאשר יום אחד איבדתי לחלוטין את קולי, לאחר מריבה גדולה עם בן זוגי על אופן הגידול של בננו הבכור, כבר ידעתי בתוכי שאיבוד הקול קשור לחלוטין לעובדה שסגרתי את כל מה שרציתי לומר בתוכי, לא הבעתי את כעסי ולא אמרתי את דבריי.

אז כבר הייתה לי את מתנת התקשור. המילים שיצאו מתוכי כדי להסביר לי ולבן זוגי כיצד אנו יכולים לפעול בהרמוניה בגידול ילדינו חרוטות על לוח ליבי: בננו הבכור הומשל לצמח צעיר ובריא, אני הומשלתי לזו המשקה כל העת יתר על המידה (איני שמה גבולות) ובכך ממיתה את הצמח הצעיר ובן זוגי, מנגד, הוא זה שחותך ומוריד את ראשו של הצמח ומונע ממנו השקיה (מתנהל בקשיחות יתר). שתי הדרכים היו שגויות והאיזון בינינו הוא הנכון. וכך, הטיפול ההומאופתי עבורי, והשיתוף של מילות התקשור שלי עם בן זוגי, ריפאו אותי והשיבו לי תוך יומיים את קולי תרתי משמע, בלי להשתמש בכל תרופה או לסבול לאורך זמן.

היום, כמעט 15 שנים אחרי ההיכרות עם ההומאופתיה אני יכולה לשתף שכל המשפחה שלנו, ובן בראשה, נטשה כמעט בכל הרמות את התלות ברפואה הקונבנציונלית. אנחנו עושים בה שימוש רק בעתות חירום (פציעה/תאונה) ולשם בדיקות, וגם זה מבחינתי למינימום האפשרי. זוהי דרכי ובחירתי, ומתוך חיבור והקשבה מאוד הדוקים לגוף שלי ולצרכיו.

הבחירה תמיד בידך

כמובן שאיני אומרת לך מה לעשות וכיצד לנהוג, אך חשוב היה לי לשתף בסיפורי, שכן עדיין מרבית האנושות כלואה בכישוף של עולם הרפואה ועולם התרופות כאילו רק בידי אלו מצויות כל התשובות והריפוי לגופך – וכל מה שברצוני להציע פה הוא ההיזכרות בריבונות על מקדש הגוף שלנו. במשך שנים רבות מדי שמנו את כל מבטחנו בתחום הריפוי בידי אנשים חיצוניים, חכמים ומלומדים ככל שיהיו, ואני מציעה לך כעת את האפשרות להיזכר בכוחות הריפוי הטבעיים שבהם כולנו ניחנו ולהתחיל ליישמם, על מנת לשוב לבריאות מיטבית לכלי הרכב הזה שקיבלנו לחיים הללו, הגוף הפיזי.

שער שלישי:

האהבה העצמית והאינסופית

"מפגשו התדיר של האדם עם אנשים האוהבים אותו רק בהתקיים איזה תנאי, פוגע ביכולתו להבין את האהבה הלא־מותנית שאותה חש כלפיו הבורא"

ליקוטי מוהר"ן יג, ה (מתוך הספר "צליל מכוון", רבי נחמן מברסלב)

מי אני? | ליאת פיליפסון

הגל הזה
והגל ההוא.
הקצף הלבן,
הבועות.
הגל הגבוה,
הגל המתפרץ,
וזה שנסוג ומתמזג.
הגל השקט, והנמוך,
הגל הפחוס.
הגל הקופצני והגל שהוא אני.
והגל מרחוק וזה שמתקרב,
והגל הבא וזה שהתפוגג.
אני התנועה והנסיגה,
אני הסוף וההתחלה,
אני הכחול והלבן ומה שביניהם,
אני הגל באופק והגל שחדל.
אני הגל הבודד והגל שהוא חלק.
אני הגל שמתרחב ומתכווץ ונעלם.
אני הגל השקט והגל שרוגש בסערה.
אני הגל הזה, הגל הבא,
הגלים כולם,
האוקיינוס.
אני.

תקשור 2013, נתניה – מפתח הלב

בת אור יקרה, הסכיתי ושמעי דברינו, כי אם תעשי כן, תצאי נשכרת, ותצא נשכרת גם האנושות ובה יקירייך. ברוכה את, ברוכה תהיי. באשר את פוסעת, אור ואהבה נפרשים למרגלותייך, שופעת את אור ומשפיעה על סביבתך, ועל כן ברוכה תהיי.

שואלת את מהו השער הבא ואנו כאן לומר לך **אהבה אהבה אהבה**. אך אהבה זו אינה מה שאת חושבת או מכירה. זו אותה האהבה שאינה תלויה בדבר. אינה תלויה באחר, אינה תלויה בנתינה או בקבלה, או בתמורה זו או אחרת.

זוהי האהבה נטולת הגבולות והמגבלות, אהבה שכולכם ניחנתם בה, אך רובכם שכחתם כיצד להגיע אליה. במדיטציה פשוטה שבה תעצמו עיניכם ותתמלאו באור דרך מרכז הלב שלכם תוכלו לחוש מייד אהבה זו מציפה את לבבכם ואת גופכם, וכך כאשר תתרגלו אותה עוד ועוד יתחיל גופכם, יתחיל מוחכם, תתחיל הווייתכם להתמלא ולהיטען ולהשתחרר מהמרוץ אחר האהבה השטחית, התלויה בדבר.

ורק אז, כשתתמלאו חזרה באהבת האינסוף שבכם, תוכלו לשוב למערכות היחסים שלכם וליהנות מכל מה שניתן לכם שם. תוכלו להעניק מלוא אהבתכם מבלי לחפש, לרשום, להתחשבן, להתעצבן ולכעוס, על שלא מקבלים אתם את שאתם רוצים. שכן מה שרוצים אתם נמצא הוא כל כולו בכם, בכם ובחיבור שלכם אליו, אל אלוהיכם, המצוי גם הוא בכם.

אז הפסיקו לחפש בחוץ, ילדים יקרים, והסיטו כל תשומת לבבכם פנימה אל הלב, ומצאו שם את המאגר האינסופי המצוי בכם, כמו נהר המתמלא בכל עת מעצמו באהבה ובחמלה, שחו שם עמו, היו שם עמו ושבו בצילו ואז אז שובו לחייכם, ליום יומכם כשליבכם מלא ואתם טובי

לב. אז, כל חייכם ישתנו מן הקצה אל הקצה בכל תחומי החיים, כי הלב הוא המפתח – לא לדלת היציאה, להפך, לכניסה, חזרה פנימה למהות שלכם האמיתית, העתיקה, לתוך עצמכם, לניצוץ, ליהלום בתוככם, שננעל שם מימים ימימה ושעתה הגיע הזמן לפותחו, להגיע אלינו ולהתחבר עימנו מחדש.

פתחי את ליבך

זה סודה של האהבה והתרגיל של פתיחת הלב יסייע לכם להגיע לשם. בדיוק כמו שעשית את יקירה. המסר בתחילת דרכך שב ואמר לך "פתחי את ליבך," שכן היה הוא כה חסום וסגור. חשבת שאת אוהבת, אך היית סגורה ומפוחדת. אט אט פתחת את ביתך, פתחת את ליבך, התחלת לראות את היהלום בכל אחד ואחד ובכל דבר וכך החלו דברים ורבדים נוספים להיפתח בחייך.

זו הדרך. כשהלב פתוח, הכול נפתח, וכשהלב נסגר, נסגרים עימו שבילים ודלתות רבות שאינכם אפילו מסוגלים לראות ולהבין. על כן, למדי שיעור זה של פתיחה של הלב, של הסכמה להתחבר פנימה של הבנה שהכול בא מתוכנו ואיך אנו מצד אחד זקוקים לאחר על מנת להיות ולהתמלא באהבה אך מרגע שנעשה זאת, כולם ייאהבו ואנו נאחד את כולם ואת הכול: את הטוב ואת הקשה ובאותה מידה את הנאה ואת המסורבל, את הנעים והמחוספס, כי מתחת לכל המעטים, מסתתרת לה אותה אהבה אינסופית, אותו יהלום נוצץ ברוח האלוהית.

האם מבינה את את השיעור?

ולמי שלא למד אותו, מזמנים החיים שיעורים בדבר מערכות יחסים וזוגיות וקושי, עד שדווקא מן הקושי ילמד הוא האדם להיפתח ולפתוח את ליבו. ראי אהובה את ליבך הפתוח ועדיין יש מה להמשיך ולפתוח בו כך שיהיה הוא כל כולו באור, ללא חדרים שבהם יש מעט צל או פחד, רק אור

בכל תא ותא, בכל חדר וחדר, בכל כלי דם. בכל המשאבה הזו אהבה אינסופית זורמת ואז הופך הלב להיות השער, שער פנימה לעבר ולעתיד, להווה ולאינסוף לאדם ולאלוהות־בריאה ולחיבור האינסופי ביניהם.

אהובה, למדי זאת וקראי זאת שוב. אוהבים אנו אותך עד מאוד. התמלאי בתדר האור והאהבה.

תקשור 2022, ארה"ב – זמן של דיוקים

בת אור יקרה, ברוכה הבאה אל משכננו, משכנך, מקום נשמתך הברוכה, ברוכה את, ברוכים הנמצאים. כן, יצאת מאיזונך, אבל זה עניין זמני בלבד והוא חלק מחתימת חוזה התודעה החדש, כך שיודעת את יותר ויותר מה מדויק עבורך ומה לא, מה עושה לך טוב ומהדהד עם תודעתך הנקייה והגבוהה ומה אינו עוד תומך בך.

כשיוצאת את מאיזון או כשחווה את התנגדות פנימית, גופך נותן את אותותיו, בין אם בסימן קטן כמו הפצע על שפתייך. את כאבי הראש והמיגרנות כבר שחררת מגופך הנפלא, גם את חוסר האיזון על שפתייך יכולה את לשחרר, כאשר תאמרי את כל שאת חשה בלי לשים על כך הסתרות או מסכות. ככל שתהיי יותר כנה עם עצמך, כך תדייקי את כל הסובב אותך. חלק מאותם אנשים שכרגע מקיפים אותך אינם מיטיבים עימך והגיע הזמן לשחררם מחייך.

זהו זמן של דיוקים, של בחירה מחודשת ומדוקדקת בכל הרמות, בכל רגע, החל מהבחירות של כיצד את פותחת את יומך וכל דבר שאת מכניסה לקרבך, בין אם מזון, משקה, מילה, אנרגיה, אדם או עשייה – כל אלו משפיעים על גופך ועל תודעתך, וככל שמתנקה את יותר ויותר כך עלייך להמשיך לדייק את בחירותייך כדי לשמור על תוך תודעתך הגבוהה, נקייה ויציבה.

ובכן יקירה, המוכנה את לשיעורנו זה העוסק באהבה?
לא אותה אהבה זוגית שמכירה את, אלא האהבה הבסיסית, החיבור לאחד, הכמיהה לחיבור עם בורא עולם, עם הבריאה כולה. הרי בל נשכח, משם הגעתם כולכם, מהאחד, ובעת כניסתכם להתגשם בכדור ארץ זה בחרתם לצמצם עצמכם לכדי גוף ולהפריד עצמכם מעימנו אך הפרדה זו היא אשליה שכן מחוברים אנחנו, את ואנחנו, אתם ואנחנו כל העת, כל הזמן, כל אחד מכם הינו ביטוי ייחודי לאינדיבידואל שהוא חלק מהשלם. כשם שלגל בים אין קיום בלעדי האוקיינוס, כך גם לכם אין קיום נפרד, אלא כיחידי סגולה, המרכיבים את השלם כולו ועל כן אהובים אתם תמיד, בכל עת, כי אתם אנחנו ואנחנו אתם.

אז מה הקשר לאהבה?
למה כה רבים מאיתנו אינם חשים אותה ואינם זוכרים אותה?
כי בדיוק זאת עליכם לחפש ולמצוא מחדש, זהו חלק מהמשחק פה, אם מראש הייתם זוכרים שאחד אתם, כיצד הייתם צומחים ומתקדמים? רק דרך החיפוש הזה, מפתחים אתם את נשמתכם ומתקרבים אל האחדות, בתוך עולם נפרד זה של דואליות.

אז מהי אותה אהבה עצמית?
ואיך בכלל נזכרים בה?
וכיצד משתמשים בה על מנת להחזיר לכם את הקלות, השמחה, הבריאות, הזרימה והשפע בכל רובד של חייכם?
זה כל כך קל ועל כן כמעט אף אחד מהאנושות אינו עושה זאת. חושבים אתם שמרמים את עצמכם, ועל כן לא מתרגלים את אחד הדברים שפשוט יהפכו את חייכם מן הקצה אל הקצה. פשוט התחילו לאהוב את עצמכם במילים, ברגשות, במחשבות, שימו את עצמכם בפרונט, אבל לא ממקום אנוכי ושאינו מתחשב, אלא מהידיעה העמוקה שברגע שתחוו אהבת אמת מבפנים, הכל מסביב יתמלא אהבה גם כן.

אז איך עושים זאת? שואלת את

אמרו:
אני אוהב/ת את עצמי
אני אהבה
אני אחד/אחת עם הבריאה

אל תפסיקי, אהובה, כל כך התרחקתם ושכחתם את האהבה העצמית, עד שאין אתם מסוגלים לומר זאת לעצמכם, פשוט לומר, לברוא מציאות באמצעות המילים שלכם והכוונה בתוכן. נכון, תאמרי בוודאי, זה קל מאוד, אבל מה עם כל אותן מחשבות נוראיות הממלאות נשמות כה רבות, מחשבות מקטינות ומסרסות, נשמות שחוו נטישה או טראומה? כיצד גם הן יכולות לומר לעצמם זאת, מבלי שהמיינד שלהן יתנגד?

כן צודקת את. יהיו אותם אלו אשר יצחקו למשמע הנחיה פשוטה זו, אך גם הם, יותר מכולם, זקוקים להיזכר במהרה שהם האהבה, אתם האהבה. כך, בעת שתבחרו להסכים, לומר, להביט בעיניכם ולבחור בכם, אז הסדר ישוב, והבריאה תותמר להביא ולמשוך אהבה לחייכם בכל תחום ובכל רמה.

דווקא ממקום של פגיעות, חוסר שייכות ואהבה בחיים הגשמיים, שיעור זה עוד הרבה יותר חשוב, שכן בדיוק זה מה שלקחו על עצמן אותן נשמות ללמוד: אהבה עצמית, אהבה שאינה תלויה בדבר, אהבה שזורמת מבפנים החוצה ולא ההפך, שקר גמור הוא זה. גם אם יהיה במחיצתם איש שאוהב אותם בכל מאודו, לעולם לא יוכלו לקבל, להכיל ולחוות זאת אלמלא יתחילו מהבסיס, מאמירת המשפטים הללו שוב ושוב.

וכן Fake it till you make it אומרים בשפתכם, ובמקרה זה מצטרפים אנחנו כי אין זה Fake אלא תכנות מחודש של התודעה, של המיינד, של התאים, של הבריאה, להיזכר במהות האלוהית הנצחית שכל כולה היא אהבה. אין משהו אחר מלבד האהבה. היא השדה המקיף

אתכם, היא החומר, האנרגיה שזורמת בתוככם, בתוך התא, בגרעין, בשמיים ובאדמה, זהו הבסיס לכל מה שרואות עיניכם:

א.ה.ב.ה. הכול בה, ואז הכול בא!

ככל שתחושו יותר ויותר את האהבה לעצמכם, כך תתחילו לראות כיצד אהבה, בכל תחומיה, נשאבת ומתמגנטת לתוך חייכם. אהובים אתם, אהובים תהיו, אהובים הייתם. אנו איתך כל העת, הצטרפי אלינו מחר אהובה ובינתיים תרגלי בפשטות את המילים ותחווי אהבה עצמית=אהבה אלוהית.

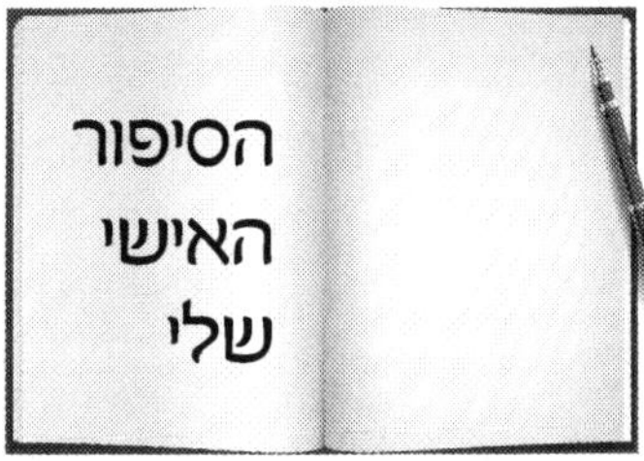

אהבה, זוגיות ואהבה עצמית

בבור השחור

כבר הזכרתי כאן את סיפור הנטישה שחוויתי כתינוקת צעירה ואיך הפצע הזה הלך והתעצם עם השנים ובמיוחד בגיל 18, כאשר אבי הביולוגי יכול היה לחדש עימי את הקשר אך הדבר לא קרה. תחושת הנטישה הזו, שהיא הפצע המרכזי של חיי, הגיעה לשיאה כאשר הייתי בשנות השלושים לחיי ואמי ואבי המאמץ התגרשו אחרי 30 שנים יחדיו.

אז נפלתי למעמקים, הייתי בבור השחור של חיי ולא ראיתי דרך לצאת ממנו. הייתי כבר נשואה לא מעט שנים, אמא לשלושה ילדים, ועדיין כל משמעות מוסד הנישואים, האהבה, הזוגיות והאמון קרסה ברגע אחד. החיפוש של התשובות לכל אלו הוביל אותי למסע שהתחיל בחוץ והמשיך פנימה עמוק לתוך עצמי, מסע שבו מצאתי את עצמי ולמדתי באמת לאהוב את עצמי – תהליך שלקח שנים רבות ולא היה טריוויאלי בכלל ועדיין מדי פעם מרים את ראשו ופוגש אותי, אותה ילדה קטנה שנשארת לבדה כי אולי לא אוהבים אותה או לא רוצים בה.

החצי השני

תמיד גדלתי כשבראשי מעין "אקסיומה" כזו שבן הזוג הוא המשלים, החצי השני. היום, מניסיוני, מסיפור החיים שלי ומשלל הקורסים, המידע ועבודת המודעות וההתפתחות שאני עושה, ברור לי כי אנחנו שלמים ומלאים פשוט כפי שאנחנו, ורק אז, יכולים אנחנו באמת לאהוב, לחיות, לשתף, לסמוך, להאמין ולקיים זוגיות עמוקה, משמעותית, מיטיבה ורבת שנים.

גאה אני לשתף שבימים אלו ממש של כתיבת הספר ועריכתו, בן זוגי ואני חוגגים 29 שנות נישואים ועוד כשלוש שנים של חיים משותפים לפני הנישואים. אפילו אני תוהה לעיתים כיצד דווקא אני מצליחה לקיים ולהתקיים במערכת זוגית אחת ארוכת שנים, עם כל מה שעברתי בחיי, עם שני תהליכי הגירושים שעברה אימי ביחד איתי, וצחוק קטן עולה על שפתיי, שכן אני חושבת שהסוד טמון דווקא בבן זוגי ולא בי.

תמיד מספרת אני שבן זוגי בחר בי ולא ההפך. כמובן שמהר מאוד, מרגע שהייתה לי ההזדמנות להכירו, נשביתי בקסמיו. חשוב לי לומר זאת משום שייתכן שאם הייתי עכשיו בזוגיות עם כל אחד מהגברים שבחרתי לחיי, זה לא היה מצליח ולא נמשך לאורך זמן, משום שהיו אלו בחירות שאינן נכונות לי, בחירות שנבעו מהמקום הכאוב, הפגוע, הנטוש.

שלא תחשבו לרגע שהמערכת הזוגית שלנו תמיד סוגה בשושנים, זה ממש לא כך, אך היא תמיד חשובה מספיק לשנינו כדי שנעבוד לייצבה, להעמיק ולהשביח אותה וכך קורה. נדמה שבכל שלב בחיינו אנו עולים מדרגה, וכך גם הקשר, העומק של היחסים וטיבה של האהבה. הנה סיפור קטן שאותו אני משתפת בקורסי המודעות שאני מעבירה, ונראה לי כי הוא ממחיש היטב את כל הרעיון הזה של האהבה העצמית ואיך אפשר להכניסה לחיי היומיום שלנו.

חולשה לפרחים

תמיד אהבתי פרחים. יש לי חולשה לפרחים – הצבעוניות, המגוון, הריחות. פרחים הם דבר כה יפה בעיניי, שמשמח אותי וממלא את ליבי באהבה. במשך שנים רציתי שיביאו לי פרחים, בימי הולדת, באירועים וסתם פרחים ליום שישי לשולחן השבת.

כאשר התגוררנו באבן יהודה, שם בנינו את ביתנו ושם נולדה בתנו השנייה, הייתה, לשמחתי הרבה, משתלה בקרבת הגן של ילדיי. מדי יום שישי, באופן קבוע, הייתה המשתלה מארחת בחור צעיר ונעים הליכות שהיה מגיע עם פרחים טריים ושוזר זרים מרהיבים.

ביום שישי אחד עשיתי מעשה. במקום לחכות ולהתאכזב שמישהו חיצוני יקנה לי או לא יקנה לי פרחים, הלכתי למשתלה ובחרתי את הפרחים הכי יפים שהכי משמחים אותי. הם נשזרו לזר מרהיב ומהמם וכעבור חצי שעה כבר הוצגו להם על שולחן האוכל בביתי, כשהם מפיצים מיופיים ומריחם לכל עבר. אני זוכרת שבן זוגי, שיחיה, מייד שם לב לפרחים היפים והודה לי על שהבאתי אותם. מאז, בכל שישי הייתי הולכת בשמחה רבה ובוחרת פרחים לשולחן השבת שבו הסבנו לארוחת הערב המשפחתית.

ומה קרה מאז?

ראשית, אני תמיד שמחה ללכת ולקנות לעצמי פרחים, אני אוהבת לבחור אותם לעצמי ואף לשזור אותם לזרים מהממים. מה שעוד ממלא את ליבי באהבה היום, הוא להעניק זרים שאני שוזרת לאנשים שאני אוהבת סביבי. אני לא צריכה לחכות לשום דבר ולאף אחד כדי לשמח ולאהוב את עצמי, אבל מה שעוד הרבה יותר חזק מכך הוא שמאז ועד היום, אני מקבלת זרים רבים מאהובי ומילדיי, לאירועים שונים.

אז מה לפרחים ולאהבה עצמית?

ברגע שבחרתי בעצמי לעשות למען עצמי את מה שגורם לי לשמוח ובעצם אהבתי את עצמי, כך גם הבריאה החלה לשקף לי את האהבה

הזו מבחוץ – במקרה הזה באמצעות פרחים, אך זהו רק משל למשהו גדול הרבה יותר.

מדיטציה: נקודת האור שבלב

שבי בנוחות ועצמי את עינייך. התחילי רק להתבונן ולחוש את גופך הפיזי. אט אט, עברי להתבונן בנשימה הטבעית, פנימה והחוצה, דרך האף. המשיכי להרפות ולהיות נוכחת ומודעת לנשימה הטבעית כשהיא מתרחשת בתוך גופך.

כעת דמייני קרן אור, המגיעה ממקור אור אינסופי מעל ראשך, וחודרת פנימה דרך קודקוד הראש ומשם היישר אל מרכז הלב. המשיכי לנשום ברכות, ורק ראי, חושי, דמייני, איך עם כל סבב של נשימה, נקודת האור הולכת וגדלה, מתגברת ומתעצמת, מאירה את כל חדרי הלב.

ככל שאת ממשיכה להרפות ולנשום, כך את מאפשרת לאור הנובע ממרכז ליבך להמשיך ולהאיר עד שממלא הוא את הלב כולו וממשיך וגדל עד שיוצא הוא מגבולות הלב הפיזי.

האור ממשיך להתרחב ולהאיר את הגוף כולו, כל תא ותא בגוף הפיזי מתמלא באור הזוהר, האור מקיף כעת את החזה, גדל ומתרחב לכל כיוון, כשני מטר לכל צד, מעלה ומטה ימינה ושמאלה. הוא ממלא באור את כל השדה האלקטרו־מגנטי סביב הגוף שלך, ממלא באור את כל ההילה שלך.

סרקו את הברקוד המצורף
להאזנה למדיטציית "נקודת
האור שבלב" המוקלטת בקולי:

שער רביעי:

ההגשמה ועולם הרגשות

״אתה אינך רצונך, שכן אתה יכול לכוונו, אינך רגשותיך, שכן אתה יכול לווסתם. אינך מחשבותיך, שכן אתה יכול להחליפן. אתה הוא הבוחר בכולם״

ליקוטי מוהר״ן תנינא קי (״אין מקום רחוק״, רבי נחמן מברסלב)

תקשור 2013, נתניה — רגשות

הרגשות הוטבעו בכם כדי למקד ולמקסם את הקשבתכם לקולכם הפנימי, לנשמתם. כמה פעמים עשיתם דבר והבטן שלכם התהפכה? לא מהתרגשות, שגם היא רגש, אלא מתחושה שהדבר אינו הדבר הנכון והמתאים לכם?

זהו בדיוק תפקידם של הרגשות. בכל רגע שעולים בכם רגשות של אהבה, חמלה, שמחה, סימן הוא שבמקום הנכון הינכם, ואילו בכל רגע ורגע שרגשות שליליים בשפתכם מציפים את לבכם, סימן הוא שסטיתם מדרך הישר ושעליכם להתכוונן מחדש.

אם כעס עולה ומצטבר, אינכם קשובים לנשמתכם. עצרו, נשמו אל הבטן ואל החזה, השקיטו כעס זה והתבוננו בו ואז נסו למוססו אל האינסוף ולהחליפו באהבה ובחמלה, ובהיזכרות באלוהי שבאדם העומד מולכם. אולי גם הוא שכח לרגע את מהותו האלוהית ועליו לחזור למקום זה, אבל זה כבר לא תפקידכם. אתם צריכים לעשות בדק בית בדלת אמותיכם על מנת לשוב למרכז, לנשמתכם. ואילו כאשר חשים אתם שמחה, אושר וחמלה, מדויק הוא מיקומכם וצועדים אתם בקנה אחד עם ייעודכם, עם מסע נשמתכם.

ומה קורה כאשר נכפה עלינו משהו קשה, כואב?

אז, היו עם הכאב, היו עם הצער, אך למדו לנשום אליו ולשחררו בבוא העת ולא להתמיר אותו לסבל נמשך ובלתי מסתיים, כי כך מנהלים אתם את חייכם בסבל מתמשך. נראה לי כי מספיק הדבר ליום אחד. שבי עמנו בשקט מוחלט והתמלאי באור ובידיעה הפנימית שמרעיפים אנו עלייך והיי ברוכה בכל אשר תעשי. אמן.

תקשור 2022, ארה"ב – הצעידה בתלם

אז על מה נדברה היום? על הגשמה?

על תפקידכם בעולם זה, מה בדיוק באתם לעשות כאן וכיצד אתם מגלים זאת?

כיצד יודעים אתם שאתם אכן הולכים בתלם שבחרתם, או שמא סוטים אתם למסלולים מקבילים שגם הם מתקבלים על הדעת, אך אינם בחירת נשמתכם העמוקה, המדויקת שלשמה ירדתם לכאן להתגשם בגוף פיזי זה?

ידוע לך הדבר. הרי שכאשר אתם בעולמות של מעלה, אינכם מוגבלים בגוף, בחומר, אתם הרוח, אתם אנחנו, אנחנו אתם, כולנו אחד. אך כדי לחוות את עצמכם הייחודי, עליכם להיפרד מהנוכחות האחת ולהתגשם בגוף פיזי שאותו בחרתם מבעוד מועד, שכן דרך גוף זה בלבד, תוכלו לחוות ולהתנסות בתפקידים ובמצבים שונים ומשונים שילמדו אתכם את השיעורים השונים שגם אותם בחרתם, אתם ולא אחר, וכך להתעלות שוב מתוך בחירה ותוך כדי התנסויות בגוף ובעולם החומר.

אז איך מתבצע הדבר?

כאשר כולנו אחד, עדיין בחירה נשמתית קיימת. הנשמה בוחרת את ההתנסות המרכזית שלה והתנסויות משניות לחיים אלו. נשמות רבות אחרות, ממשפחת הנשמה שלכם, מתנדבות להיכנס לגוף החומר גם הן, על מנת לסייע לכם בהתנסות כזו או אחרת.

לדוגמה, אם השיעור הראשי הוא שיעור של אהבה ללא תנאי, נשמה נוספת תיבחר ותבחר להיות האם או האב שיעזבו, ינטשו. כך הפצע ייווצר, והנשמה שלכם תיאלץ לצאת למסע חיפוש ומציאת האהבה ללא תנאי שבפנים.

זה בדיוק מה שקרה לך יקירה. את, בעת הולדתך, כבר בחרת את אותם זוג הורים, נשמות, אשר באמצעותם ואיתם תחווי נטישה

קשה בגיל כה צעיר ואשר הם שיובילו אותך למסע חיפוש פנימי ועמוק. מסע זה ישיב אותך אל השביל המואר והראשי של חייך, שביל הנתינה והלימוד של נשים אחרות כמוך. מסע שבו אין כלום בחוץ, שהכול נחווה מבפנים ולכן כל האהבה שתחפשי בחוץ, תמיד אבל תמיד לא תספק אותך, שכן אינך מסופקת ואוהבת את מבפנים. האהבה שלנו היא אינסופית. היא תמיד נמצאת שם, תמיד זמינה, תמיד ממלאה ותמיד עבורך ובתוכך.

בדומה, כך גם הנשמות האהובות סביבך, ילדייך, בחרו בך ובאישך כדי לחוות חיים, חוויות והתנסויות כאלו או אחרות. משום שנולדו הם להורים אשר עוברים תהליכי התפתחות, גם הם עוברים תהליכי התעוררות במקביל אליכם, וכל אחד מהם בחר את השיעורים וההתנסויות שלו. כהורים פעמים רבות רוצים אתם לחסוך לילדכם את ההתנסויות ה"כואבות" ו"המיותרות" אך אין דבר מיותר ואין דבר כואב, כי אם בחירה ישירה והתכווננות לדרך, לשביל הישר של הנשמה.

אז אם איננו מרגישים שאנחנו הולכים בתלם
ואם אנו מרגישים שהחיים שלנו אינם מה שהיינו רוצים
היכן הבעיה ומהו הפתרון?
הכול מתחיל ומסתיים בעולם הרגש שלכם. הרגשות הוטמעו בכם כמעין כלי מקודד של כוונון. לא נראה כי עולם החי מסביבכם חווה רגש כמותכם, הרגש אצלכם הינו מד־דיוק של ההתקדמות ושל המצב הנוכחי.

הכול תדרים

בעולמכם מגדירים אתם רגשות שליליים וחיוביים, והרי יודעת את כי הכול תדרים. בפשטות מדובר בתדרים דחוסים ונמוכים יותר, לעומת תדרים גבוהים ומאווררים יותר. הבעיה מתחילה כאשר אתם מנסים לא לחוות רגשות מסוימים ואינכם מאפשרים להם מקום. לכל הרגשות יש מקום

ואת כולם אתם יכולים להכיל ולהתמיר, כאשר הלב הוא האיבר המחבר והמתמיר.

למה הכוונה?

הבעיה הראשונה — ההתנגדות והביטול

נניח שחווה את משהו בחיים אלו ומתייגת אותו כשלילי, חווה את רגש נמוך ודחוס בתדרו – מה את עושה אז? האם את מאפשרת לו להיות שם? לעבור בתוכך, להיות נוכח, או שמא דוחקת אותו את ורק מנסה להיפטר ממנו?

הפתרון:
ההפך הגמור: קבלה, התמסרות, הבנה כי לכל רגש יש קיום, כי שלל הרגשות, כל התדרים, קיימים בכם, וביכולתכם לבחור תדר/רגש כזה או אחר ואף לשנות ולהתמיר אותו באמצעות לבכם המדהים.

הבעיה השנייה — הרצון להיות כל העת ברגש גבוה ומאוורר

גם כאן קיימת בעיה נסתרת, שכן עצם הרצון והחיפוש של האושר, הקלות, השמחה, משדר ליקום תדר של ההיפך הגמור, וכך בשל חוק המשיכה – דומה מושך דומה – מה שבפועל ימלא את חייכם הם אותם רגשות נמוכים, רגשות דחוסים, ואז שוב תתנגדו, ושוב תנסו לדחוק מעליכם וכך הגלגל ממשיך לו.

אלא אם כן, שוברים אתם את הגלגל הזה ומחליטים לשנות משהו

בתוככם, וראשית דבר להבין כי הרגש נועד הוא לכוון אתכם, להתעלות; שכל רגש קיים ולכולם מקום, ורק בידיכם יכולת ההתמרה המופלאה להפוך כל דבר, כל רגש, כל חוויה לאהבה ללא תנאי, אהבת הבורא, אהבתנו אלייך, אליכם, אל כל הבריאה, הוויה.

הפתרון:

פיתוח הקשבה לרגע הנוכחי, ושימוש במידעים שהזנו בכם כבר קודם. לכל מה שתרצו, ישנה טכניקה אחת ויחידה בבריאה זו: הידיעה העמוקה וההודיה על הקיים, עוד לפני שעיניכם הרואות או חושיכם החשים חשים אותו.

רצית את לחוש אהבה ותשוקה לאישך, שמת זאת במרכז ההתרכזות שלך וראית זאת במדיטציות, בכתיבה ובהודיה שלך ואכן הדבר קרה. יודעת את שאין חוקים של זמן ומרחב, זוהי רק מגבלה נוספת בעולמכם, אך החזקת האמונה והידיעה שהדבר כבר מתקיים הכרחיות. פה נופלים מרביתכם, אנשי ארץ יקרים. בוחרים אתם, רואים ומהדהדים, מדמיינים ומרגישים ואז, עובר מעט זמן בעולמכם, הדבר אינו מגיע ומאבדים אתם את כל העבודה הרבה והמשמעותית שעשיתם וחוזרים אחורה. החזקת הידיעה, האמונה, היא שלב הכרחי וחשוב בכל יצירת הוויה חדשה.

תקשור 2013, נתניה – הקשבה

ועכשיו, משהשגת אמונה, יש לתת את הדעת להקשבה. ההקשבה היא היכולת העמוקה שכולכם ניחנתם בה במקור, אבל רובכם איבדתם אותה. ההקשבה היא החיבור העמוק ביותר שלכם לנשמתכם. היא נעשית באמצעות מרכז העין השלישית, אשר יודע הוא לנווט אתכם במשעולי החיים בצורה מדויקת ביותר. אך, משאין אמונה, קול זה פנימי

נשמע כמו עוד קול נוסף בבליל הקולות והמידע האינסופיים שבתוככם. איבדתם את היכולת לזהותו, לזקקו, להקשיב לו וזאת עליכם להחזיר לעצמכם במהירות. כיצד? על ידי תרגול מדיטציה שקטה ללא כל עזר חיצוני ובה כל מה שמתבקשים אתם לעשות הוא להתרכז בעין השלישית ולדמות קרן אור עוצמתית היוצאת ממנה החוצה אל האינסוף.

תרגלו זאת עוד ועוד וכך תוכלו אט אט לזקק את קולה של העין השלישית ולעמוד על טיבה בכל עת שתחפצו בכך. תהיה היא יכולת ההקשבה בכם, על מנת להאזין ולדעת מה הדבר המדויק עבורכם. ועכשיו, תרגלי זאת בעצמך כדי שתיווכחי שעובדת היא שיטתנו.

תקשור 2022, ארה"ב — הולוגרמה

ברוכה אהובה ברוכה השבה, ישות אור נפלאה וטהורה, אוהבים אנו כאשר את יושבת במקום שכולו אור, בחיבור מופלא עם אמא אדמה, כך גם קל לך יותר החיבור עמנו, בשניות מעדכנת את התדר שלך, שומעת את קולנו, את המסרים שלנו ליישותך, לעולמך, לכל סובבייך. אז שוב מברכים אנו על שובך, שכן ימים רבים סירבת לשים את הזמן, לעצור את הזמן ולהתחבר פנימה ללא שום עזר חיצוני, מדיטציה, מורה או שיעור כזה או אחר.

עלייך לדעת, אהובה, כי אין שום דבר חיצון באמת, הקול והכול הוא פנימי כך שמוקרן הוא כלפי חוץ. גם המורים הם מפנימיותך, גם ההורים, גם הילדים. מה שקוראים לו אתם המציאות המוחשית הינה הולוגרמה מתוחכמת במינה, וכמו ההולוגרמה הזו, קיימות אינספור הולוגרמות דומות, שונות, שלך עם אהובייך ברבדים שונים, בתפקידים שונים. הכול קיים בו זמנית, באותה העת, וכך יכולה את לטייל בין ההולוגרמות השונות, בין הממדים והרבדים השונים ולהתחבר לכל אחד מ"העצמיים" השונים שלך בכל עת, בכל מקום, בכל תפקיד.

כן רואים אנו שאת מסתכלת על הזוגות המבוגרים, ותוהה כיצד את ואישך תעשו זאת, שכן כיום אינכם מסוגלים פשוט לנכוח במקום אחד מבלי לעשות דבר. זהו תהליך שאישך במיוחד עוד יעבור, של מציאת שקט והנאה גם מתוך עשייה קטנה. עכשיו מלאים אתם באנרגיה, ביצירתיות, בהגשמה, ועל כן אין זה הזמן אהובה, אך בבוא העת, תיהנו גם אתם מכל היש, פשוט מלשבת בביתכם המושלם מול הים, ולהיותוליהנות, ללא עשייה מרובה, מהפשטות, מהאהבה, מההגשמה, מהמשפחה, מהרכות, מההקשבה. אך יש עוד שנים רבות של עשייה מבורכת, של התפתחות, של יצירתיות, של ביחד מסוג אחר שעליכם להגשים יחדיו. אל תמהרי, היי כעת עם כל מה שאת.

העבודה עם הרגשות

ובכן השיעור היום הוא בעניין הרגשות. כן, יודעים אנו שאת מכירה חומרים רבים על נושא זה, אך עדיין האנושות אינה מבינה כלל את מטרתם של רגשות אלו ככלי ניווט לחיים אלו שלכם.

בואו נניח לרגע את ההבחנה שלכם בין רגש חיובי לרגש שלילי ונהיה לרגע עם התחושות. כשמשהו עושה טוב, אתם מרגישים מבפנים שהוא טוב, זהו המצפן הפנימי שאומר שאתם נמצאים במקום הנכון ובזמן הנכון, בעשייה הנכונה. ואילו כאשר את מרגישה אי נוחות לגבי משהו (טרם דיברנו על רגש ספציפי), תזכורת היא של הנשמה, כי משהו רוצה לעלות ולהתנקות, ולהיות "מותמר", בשפתה של מורתך.

בעבר, אם הרגשתם לא טוב לגבי משהו, ניסיתם רובכם ככולכם לדחוק אותו, להעיף אותו או להשתיק אותו. עכשיו, משהנשמה שלכם נפתחת לרבדים נוספים, יכולים להיזכר אתם כי זהו השיעור שבחרתם לעבור, ועל כן כשעולה רגש כזה או אחר, שקוראים לו אתם שלילי – הוא תזכורת לשיעור של הנשמה ולהזדמנות לעבור דרך אותו שיעור ולהחזיר

אותו לבריאה באמצעות הסכמה, הכלה וקבלה. אז ישתחרר הוא, כהרף עין, ויעבור הלאה מכם לבורא וישוב אליכם כעוד אור ואהבה.

עכשיו בואי נדבר בפירוט יתר:

מהו אותו רגש חיובי או שלילי? רגש בתדר שונה. תדרים גבוהים יותר הם פחות דחוסים, עוברים וממלאים אתכם כל הזמן ומהדהדים בסנכרון עם נשמתכם, בעוד שתדרים נמוכים, דחוסים, מתחככים בתוככם ויוצרים דיסהרמוניה ועל כן עליכם לעשות עמם עבודה:

ראשית, להסכים להיות ולראות.
שנית, לבחון אם ניתן לפעול בצורה שונה מהרגיל.
שלישית, לנשום ולתת לרגשות לעבור דרככם מבלי להתנגד וכך בעצם נוצרת ההתמרה ומתרחש השחרור.

זה יכול להיעשות על ידי השימוש במשפט:

אני חווה עצב ואני מתמירה ומחזירה אותו לבריאה.

זה יכול להיעשות במדיטציה ובעיניים עצומות תוך כדי בקשה לבריאה לסייע לכם במלאכת ההתמרה, אבל השלב הראשון הוא ההסכמה. אני מסכימה לתת לרגש של כאב להיות נוכח ולעבור דרכי ובאמצעותי אל הבריאה, ולשוב אליי כאהבה אינסופית.

ראי איך בורחת את מלהמשיך ולהתרכז בנושא כאשר את ואישך כרגע חווים קושי שכזה.

כאשר עולה קושי סביב הנושא הזה השתמשי בנוסחה:
הסכמה
ראייה
כיצד יכולה את לפעול באופן שונה מהרגיל?
שחרור

בטנך מלאה וקשה לך הריכוז, עשי הפוגה ושובי אלינו בהמשך להמשך הכתיבה וההכתבה לשם המשך ההתמרה. את שמורה ואהובה יקרה, היי ברוכה.

תקשור 2023 ארה"ב – עוצמה

תדר עוצמה* היום קיבלת יקירה, ואנחנו כאן מסתכלים ממעל וצוחקים לנו, כפי שאת בוודאי צוחקת ושואלים כמה עוד עוצמה אפשר להכיל בגוף אנוש אחד?

בורכת את יקרה בעוצמות מעל ומעבר, לא רק בחוזק, באנרגיה, בגוף הפיזי שלך אלא ברמות המעודנות יותר. וכן, תמיד אפשר להכיל עוד ולהתעלות עוד וכך עושה את מרגע לרגע, מיום ליום, מדקה לדקה, ועל אף שלזמן אין שום משמעות, בטוחים אנו כי חשה את את עליות האנרגיות בתוכך, סביבך, במהירות ההתממשות של דברים הקורים במציאות הפיזית. שכן, כשעולה האנרגיה בפנים ובחוץ, כך גם נסגרים וקטנים הפערים בין החומר לרוח, כי הרי הכול כאן ועכשיו, הכול כבר קיים וכאשר מעדנת את את התדר שלך, יכולה את לראות גם את החומר מתהווה כה בקלות ובמהירות סביבך ובתוכך.

המשיכי לעבוד עם ה־Innate שלך ולצוות עליו את כל שרוצה וצריכה את לריפוי גופך בלילות. הוא עושה את כל מבוקשך וכך תראי עוד ועוד קסמים ממש בגופך הפיזי וקסמים אלו תוכלי בהמשך להעביר הלאה.

רק שכשם ששואלת את בתוכך, האם יכולה את ללמד את כל הקסמים של היקום לכל אחד והאם כל אחד יכול ליישמם? התשובה

* תדר העוצמה שקיבלתי היה במסגרת לימודי התודעה במרחב מודעות

היא כן, בהחלט, אך לכל נשמה יש את המסלול שלה ולעיתים צריכה היא עוד לעבור דרך כדי להיות מסוגלת להכיל תדרים כה מעודנים, כה גבוהים, ולראותם בגוף החומר ובכדור ארץ פה בחיים אלו במטריקס שלכם.

חווה את את תדר עוצמה במקביל לתרגול מיניות בחדר הכושר לתודעה של מרחב מודעות, ולא מקרי הוא הדבר, שכן מקום החסימה המקורי שלך והמשמעותי הוא סביב צ׳אקרת המין. הגעת איתך עם זכרונות מגלגולים רבים בהם חווית התעללות וחדירה לגוף הפיזי והאנרגטי מבלי אישורך, בגסות, בכאב וברוע. הפצע שם הוא רב ודימם שנים רבות ועכשיו מוכן ומזומן הוא לריפוי רגשי עמוק.

הערת המחברת:
בשלוש וחצי השנים האחרונות, אני לוקחת חלק בלימודי עומק של חקר התודעה באקדמיה של מרחב מודעות, מייסודה של פריידי מרגלית ובניהולה של אלימור הניג. בבסיס הלימודים עומדת תפישת המטאיזם המבוססת חסידות, קבלה, יהדות ופילוסופיה עתיקה ונתמכת בתיאוריות פיזיקליות בנות זמננו. מדובר בידע המאפשר לכל אנוש לחקור עצמאית את תודעתו, להכיר את נבכי מוחו ולהצליח לחדור לגרעין אישיותו.

אז תני לעצמך אהובה את המקום להעלות את כל הכאב, להביאו באהבה אל פני השטח, לראותו ולחבקו, כואב ככל שיהיה ואז בשנייה יותמר הוא לכל כך הרבה אהבה, רכות, תשוקה, חמלה, יצירתיות, השתוקקות, הגשמה – או אז תיפתח צ׳אקרה זו ותפרח לה בכל מאודה ותאפשר לך להביא את עצמך בעוד ועוד מובנים ואופנים ותוצרים והשפעה לעולם כולו.

אל תפחדי אהובה, הרשי לעצמך להרגיש את כל מה שעולה.

כאב, היי איתו.
עצב, עברי דרכו.
רגישות, פעמי איתה.
כיווץ, חושי ומוססי אותו.
פגיעות, היי עמה.
קבלה, קבלי אותה.

פשוט היי והווי את כל אותם רגשות ותחושות דחוסות הקשורות וכרוכות במרכז המים והיצירה שבך, העירי את רחמך באמצעות תרגול יוגה ממלא ומחמם, רך ותומך, אולי התייעצי עם חברתך אחותך סיגלית לגבי רצף מסוים. שמעי מוסיקה רכה ותומכת, עסי את גופך ומשחי אותו בשמנים רכים ומפתים, אכלי נקי בשבוע זה ובכלל, הפחיתי ונקי את הסוכר, הקמח והבשר, הישארי עם הירקות והפירות, הרבי בשתיית מים, התחילי לעשות הליכות עם אישך וחתירות עם עצמך או עם חברותייך, הזמיני אותן לביתך. ועכשיו לכי יקירה לשתות עוד ועוד מים היום, לנקות הכול מקרבך.

אוהבים אנו אותך, נמצאים אנו איתך כל העת, בכל מקום, עצמי עינייך וראי אותנו מקיפים אותך במעגל ההקשבה, מעגל התמיכה. אהובה את, אהובים אתם, נכון שמסר זה היה אישי יותר, אך יש בו מן המסר לבריאה כולה בין השיטין. שבי עמנו יום ביומו לכמה דקות או לדקות ארוכות, אין זה משנה, וכך אט אט תיכנסי לרוטינת הכתיבה והיצירה שבוערת בך, אך לעיתים מכבה את את הלהבה ולעיתים מבכה את על חוסר ההתמדה. זה הזמן יקירה! עתה הוא הזמן המדויק ביותר להבאת האור האינסופי הזורם ומבעבע אלייך אל הבריאה כולה.

אהובה את אהובים תהיו. מועצת האור.

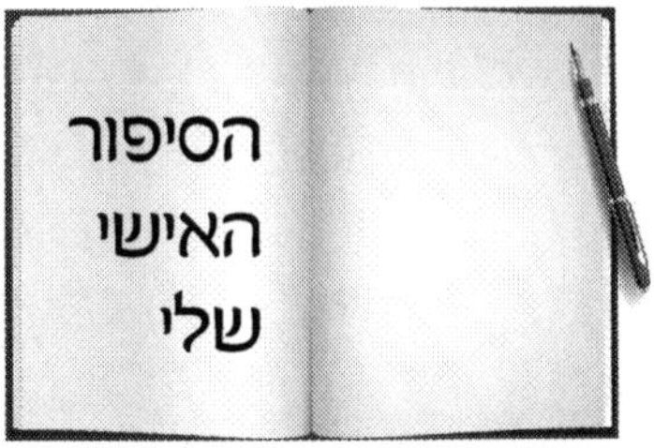

מעבדת הרגשות

איני יודעת מה גילך, והלוואי והדבר היה שונה עבורך, אבל בילדותי אף אחד לא דיבר על הרגשות שלו. להפך, הרגשות היו דבר שהיית אמור להסתיר, לדחוק, להתגבר. זוכרים משפטים כמו: ״עד החתונה זה יעבור״?

להראות את הרגשות שלך היה דבר שמצביע על חולשה, במיוחד אם אתה ילד, נער או גבר. כמובן שהיום הדברים שונים, לפחות בעולם המערבי שבו אנו חיים, ובטח ובטח שאני מתנהלת אחרת עם הילדים שלי ועם עצמי. אך עדיין, רובנו מסתכלים על הרגשות שאנו חווים בעיניים דואליות של רגש חיובי או שלילי, אף שזה ממש לא מדויק ואף מוכח מדעית.

הרגשות, בדיוק כמו המחשבות וכמו כל דבר חומרי ביקום שלנו, מורכבים מאנרגיה, ולכל אנרגיה, כך הגדיר אינשטיין, יש רטט או תדר מסוים. זה בדיוק כמו בפסנתר: אוקטבה מורכבת משמונה צלילים, החוזרים על עצמם באוקטבה גבוהה יותר ובאוקטבה נמוכה יותר, לאורכו של הפסנתר כולו – וכך למשל התו דו שבמרכז הפסנתר יישמע לנו בצליל מסוים, ואם נבחר את הדו

שמשמאלו הוא יישמע נמוך יותר, והדו שמימין לו יישמע גבוה יותר.

כך, גם הרגשות יכולים להיות פרוסים וממופים על פני גרף, בהתאם לתדר שלהם שגם הוא נמדד בהרץ. רגשות דחוסים יותר כגון כעס, אשמה, בושה, קנאה, יהיו בעלי תדר נמוך יותר ויחוו על ידינו כרגשות נמוכים=שליליים, ואילו רגשות בעלי תדר גבוה יותר, אוורירי יותר, כגון אהבה, חמלה והשראה, נחווים על ידינו כרגשות חיוביים. כמובן שהדבר כרוך בתיאור ביולוגי וכימי מורכב יותר, המתייחס להפרשת חומרים במוח שלנו, שמשפיעה עלינו בצורה כזו או אחרת.

רוב חיי חייתי בטלטלה רגשית גדולה, מעין רכבת הרים של Ups and downs, עליות ומורדות תלולים מאוד. אם אפשר היה לתאר זאת בגרף פשוט, כך זה היה נראה:

גרף עליות וירידות בחיים שלי – לפני:

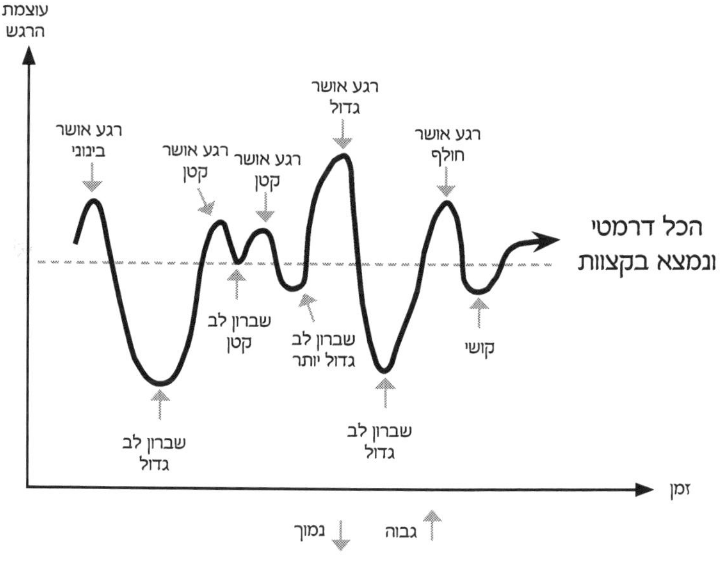

בקלות רבה ובתכיפות גבוהה הייתי נשאבת למחוזות נמוכים, למה שאנו מכנים הרגשות השליליים. במהירות כה רבה הייתי נעלבת, נעצבת, מתקרבנת, כועסת, רוטנת, מתאכזבת. פה ושם, גם חוויתי רגעי חסד ואהבה, שבהם הייתי נוסקת מעלה לגבהים, אך הם בדרך כלל היו חמקניים ביותר, ונוטים להיעלם במהירות.

בפילוסופיה של היוגה, על פי פטנג'לי, הקונספט של אי־היצמדות – vairagya" (वैराग्य" נחשב לאחד הרעיונות המובילים. בפשט, אפשר לדבר על אי־היצמדות לדברים חומריים בחיינו, אבל אם נצלול רגע לעומק הדברים, כל היצמדות בעצם גורמת לנו סבל.

אני זוכרת רגע כזה, של התעלות, של שמחה ואושר גדולים מאוד, שאני יכולה אגב, לשחזר במוחי בשניות ולשוב ברגע זה לאותו המקום: My happy place (זוכרים במדיטציה?), בחוף הפרטי בפוקט, תאילנד, שבו היינו כל המשפחה בחופשת קיץ בשנת 2013. סירת "Long Tail" לקחה אותנו מהמלון המקסים בפוקט לאי מבודד בקרבת מקום, לבלות בו את היום.

משום מה, היינו שם לבדנו, עם דוכן קטן של קוקוסים טריים, שכולנו גמענו מהם בשקיקה. אני זוכרת את השקט, השלווה, הנוף המטורף עם הסלעים הענקיים המבצבצים מתוך מי הים התכול שנפרס מולנו, החול הלבן והנקי כל כך, הילדים מקפצים במים, צוללים, מצחקקים בשמחה, דוד משנרקל איתם ואני צופה על הכול, מתמוגגת מאושר עם קוקוס טרי ומתקתק בידיי, מרווה את גופי ואת נשמתי, מנסה לאחוז ברגע המתוק הזה שרק לא יחלוף לעולם.

כאשר אני נצמדת לרגע כזה של התעלות, לחוויה הזו שבה אני חשה אהבה גדולה, שמחה ואושר – ברגע שזו מסתיימת, והיא בדרך כלל מאוד חמקמקה וקצרצרה, אהיה בסבל על שהחוויה הזו הלכה ואיננה עוד. כאשר אני נצמדת לרצון לחוות עוד רגעים של אושר, אהבה, שמחה – גם אז אני בסבל. שכן, זו איננה מנת חלקי כעת, או כך לפחות המיינד המוגבל שלי תופס את הדברים. אי־היצמדות היא

כלי נפלא לתרגול גם כאשר אנחנו נמצאים בצד השני של גרף החיים, בתחתית. ההבנה שגם זה רגעי וחולף, שכן זה רק עוד סוג של אנרגיה שמשתנה, חשובה אף היא ותסייע לנו לא להישאר שם, בבור השחור, לאורך זמן.

היום, אחרי שנים של צעידה בדרך הרוחנית, גרף החיים שלי נראה שונה ממש. כמובן שאין אנו רוצים לחוות את החיים כקו ישר, באדישות, וללא חוויה של רגשות כלל. אך ככל שאני מתבגרת ומבינה דבר או שניים על החיים ועל אופן התנהלותם, התנודות מעלה ומטה עדינות ורכות יותר, ישנן פחות תנודות מטה ויותר מעלה, וההחזרה לכיוון המרכז מהירה הרבה יותר. הנה מבט שממחיש את גרף החיים שלי כעת:

גרף עליות ומורדות בחיים שלי – אחרי

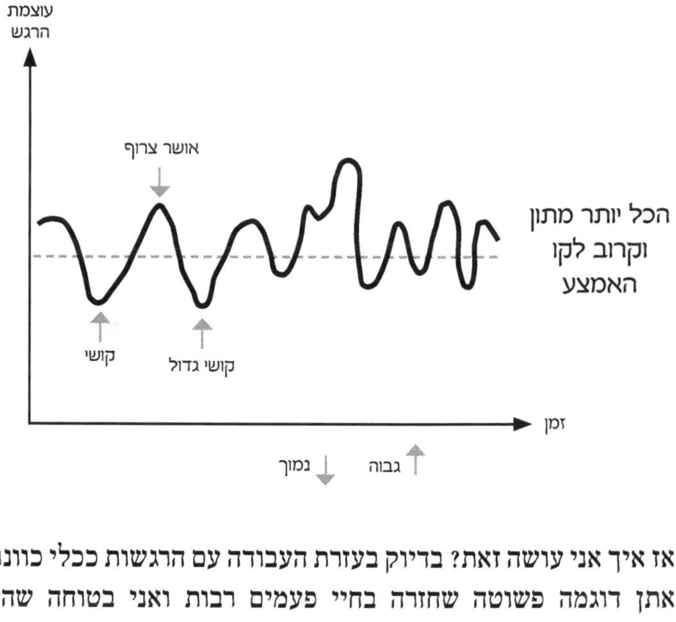

אז איך אני עושה זאת? בדיוק בעזרת העבודה עם הרגשות ככלי כוונון. אתן דוגמה פשוטה שחזרה בחיי פעמים רבות ואני בטוחה שהיא

מוכרת גם לך: בן זוגי ואני מנהלים שיחה על נושא מסוים, אולי קצת טעון. בן זוגי אומר לי משהו ואני באוטומט שלי מייד נעלבת. בעבר, ועל פי אותם אוטומטים שנוכחים בתוכי אולי מלידתי ומתוך פצעי הילדות שלי והמכניקה של הגנה על הילדה הקטנה, הייתי עושה אחד מהשניים: או נעלמת ונאלמת, מתכנסת בתוכי, בוכה ומתחילה ליצור מערבולות פנימיות של כעס או לחלופין, מייד יוצאת בהתקפה חזרה. ברור לכולנו, שכך או כך לא היינו מגיעים לפתרון אלא להחמרה של המצב ולמבוי סתום. לשמחתי הרבה, בשנים האחרונות התחלתי לפעול אחרת.

נחזור לסיטואציה שבה היינו: בן זוגי אומר לי משהו, ואני נעלבת.

השלב הראשון: עצירה. אני מייד עוצרת במודע ולא מאפשרת לעניין הפעוט להפוך לכדור שלג מתגלגל. בדרך כלל אלך לי למקום אחר, להיות לבד, שכן רחוק ממקום ה"פשע" אני יכולה לעשות עבודה פנימית עמוקה וריפוי.

השלב שני: בחירה מודעת. אני מודעת שלא ליפול לאחד משני האוטומטים שלי: בריחה או תקיפה (ייתכן שהאוטומט שלך הוא אחר).

השלב שלישי: קבלה ונוכחות. אז, אני מוכנה להרגיש ולהיות נוכחת בתוך הרגש במלואו. אם זו היעלבות, אני חווה אותה במלואה, ההיעלבות יכולה להפוך לעצב, ואני כולי שקועה בתוך העצב, העצב ישתנה לכעס וכך הלאה, הרגשות יילכו וישתנו בתוכי, ואני אעבור כמו ברכבת הרים, דרך מגוון רחב של תחושות ורגשות, אבל אזכור שהם לא אני, הם חולפים ומשתנים ועוברים כרגע בתוכי.

השלב הרביעי: שחרור. לאחר שאפשרתי למגוון הרגשות להיות נוכחים ולנוע בתוכי, אני בוחרת לשלוח אותם לבורא עולם ומבקשת

שיותמרו ויחזרו אליי ואל כל הבריות כולן כאהבה אינסופית, שכן זה כל היש, רק אהבה.

זה יכול לקחת כמה שניות, או דקות ארוכות, אנו כבר יודעים שהזמן הוא רק בתוכנו ועבורנו ואין הוא באמת חשוב. פה מתרחש הריפוי בתוכי, פה מתרחשת ההתרחבות והצמיחה. שכן במקום לדחוק את הרגשות הנמוכים, הדחוסים והכואבים כפי שעשיתי רוב חיי, או להפוך אותם לדרמה גדולה שתמשוך אותי עוד מטה, אל הבור השחור, אני חווה גם את הרגשות הנמוכים, מאפשרת להם לעבור דרך גופי, דרך ליבי, דרך מהותי, להשתחרר אל הבריאה ולשוב אליי כאהבה טהורה.

מדיטציה

תרגול מדיטציה שקטה ללא כל עזר חיצוני, ובה כל מה שאתם מתבקשים לעשות הוא להתרכז בעין השלישית ולדמות קרן אור עוצמתית היוצאת ממנה החוצה אל האינסוף.

שער חמישי:

הנשימה והנשמה

"מהלך נשימה עמוק ומלא מאפשר לאדם להתבונן ולחשוב, בעוד שרדידות הנשימה מאפשרת לו רק להגיב"

סיפורי מעשיות, מעשה בבן המלך ובן שפחה שהתחלפו ("צליל מכוון", רבי נחמן מברסלב עצות וסיפורים)

תקשור 2022, ארה"ב — התנועה, הנשימה והחיבור לנשמה

בואי נדבר על הנשימה, אותו אקט שכביכול בסיסי הוא, הטמון במערכתכם, בגופכם, אם כי בשני אופנים. חשבי על כך לרגע, מדוע כל מערכות הגוף פועלות בעצמן ואילו רק על הנשימה יש ביכולתכם לשלוט ואותה יש ביכולתכם לשחרר?

מה הסוד בנשימת האדם שנבראו לכך שתי מערכות משוכללות אלו ולא אחת כמו אצל כל הסובב אתכם?

מערכת הנשימה האוטונומית היא המערכת החייתית, אותה מערכת הנמצאת בכל יצור חי והיא המאפשרת לו לחיות. זהו הדבר הראשון שניטע בכם, או שמתחיל לפעול ברגע הגיחכם מרחם אמכם, בצורה אוטומטית, אוטונומית. אך בגופכם הפלאי טווינו מערכת נוספת, נשמת אלוהים נקרא לה, מערכת נוספת לא לגיבוי כי אם להתעלות: נשימה — נשמה, לא סתם שותפות הן לאותו שורש בשפה העברית.

נשימה נכונה

הנשימה היא המהות הבסיסית של נשמתכם האלוהית והוטמנה בגופכם בשלב השני של בריאת האדם כדי להבדילכם מהחיה, כדי שתוכלו לבחור להתעלות ולהתאחד עם נשמת האל, נשמת העל. ואחת הדרכים היא באמצעות הנשימה ותרגולי נשימה נעלה.

אך ראשית, כדי להתנסות בנשימות נעלות, עליכם לדעת כיצד לנשום

באופן נכון. רובכם שכחתם מהי הנשימה הבסיסית הנכונה. עלייך להתחיל לשים לב לנשימה של האנשים סביבך, כי כאן טמון הזרע הראשון אל החיבור לנשמה.

את במשך שנים לא נשמת נכון. אף אחד לא מלמד כיצד לנשום ועל כן התינוק שנושם נשימות בטניות עמוקות ורכות אט אט מאבד את הידע הבסיסי הטמון בו ומתחיל להשתמש בפיו לנשימותיו במקום באפו בלבד. תשומת לב חזרה אל הנשימה הטבעית של הגוף היא הבסיס לכל תרגול נשימה מתקדם יותר, לכל מצב תודעתי גבוה יותר, לכל הרמוניה ואיזון בין כל הגופים הרבים שמרכיבים את האני שלכם.

אז מהיכן מתחילים? המיינד הפרקטי שלך שואל

מההתחלה, מדגש על נשימות נכונות והתמדה בכך אך ורק דרך האף! אל הבטן, אל החזה ואל שניהם יחדיו. כמו מברשת הניקוי של בקבוק של תינוק, כך גם הנשימה הראשונה היא פשוטה ועוצמתית: הכנסת אוויר מהחיץ שבין הנקבים, מבסיס האגן כלפי מעלה עד קודקוד הראש, והנשיפה – הוצאת האוויר מקודקוד הראש כלפי מטה. ממש כמו אותה מברשת ניקוי המגיעה לתחתית הבקבוק ולכל המקומות שאליהם מטלית ניקוי רגילה אינה מגעת לנקות, כך גם ראשית הבריאות וההרמוניה היא בהגעת הפראנה אל כל נקודה, אל כל מקום פנימי בתוככם, כמעין אתחול של המחשב הפנימי כאשר משהו אינו עובד בצורה תקינה.

היעזרי במשל המעלית שהבאת לתלמידים שלך, מעלית שבה עולים אתם מקומה אפס לקומה עשירית ובהמשך מוסיפים מעלית נוספת כדי לדמיין את תרגול הנשימה הייחודי שאנו מביאים עבורכם.

בעת התרגול, חזרו על כל שלב שלוש פעמים לפחות:

1. שאיפה מלמטה למעלה ונשיפה מלמעלה למטה.
2. היפוך הקטבים: שאיפה מלמעלה למטה ונשיפה מלמטה למעלה.
3. יצירת מעגל שאיפה מלמטה למעלה ונשיפה מלמעלה מטה.
4. יצירת מעגל - היפוך הקטבים (האנרגיה מתגברת).

5. השאיפה מגיעה באותה העת ממטה וממעל, מתחברת בלב ויורדת בכיוון ההפוך.
6. היפוך.
7. הסנכרון - השאיפה מגיעה באותה עת ממטה וממעל מתחברת בלב ומתחילה לזרום החוצה לכל הכיוונים במעגליות.

ועכשיו התאמני על זה בעצמך, עד שתרגישי שהמיינד שקט ואת אחת עם הנשימה, אחת עם הנשמה, אחת עם הבריאה, עם כל היש. במצב זה, אין כאב, אין סתימה, אין חולי, דלקת או חסימה, רק זרימה.

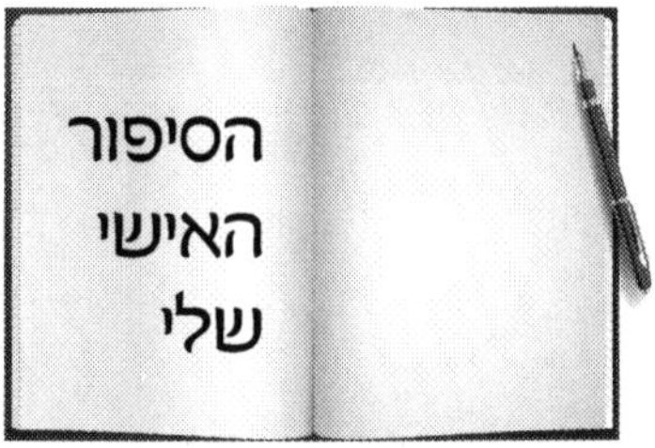

תחלואי הנשימה

מכורה לאוטריווין

כבר שיתפתי אותך שעוד מילדותי היו לי כמה תחלואים קבועים שהיו מנת חלקי: סבלתי מכאבי ראש וממיגרנות, בעיקר סביב המחזור החודשי, והיו לי תמיד בעיות נשימה ואף סתום. שנים הייתי ממש מכורה לטיפות אף ולא יכולה לעצום עיניים מבלי להשתמש ב"אוטריווין". לקינוח, בכל עונת מעבר הייתי חוטפת התקף סינוסיטיס חמור, שלווה בחודש של אנטיביוטיקה, כך באופן קבוע שלוש־ארבע פעמים בשנה. הדברים הראשונים שהתנקיתי מהם ושנרפאו כמעט בלא כל מאמץ, עם תרגול היוגה שהפך לחלק משמעותי בחיי, ובזכות הנשימה דרך האף, היו כל התחלואים הקשורים לאף־אוזן־גרון.

היוגים דוגלים בנשימה אך ורק דרך האף, הפה משמש כגיבוי בלבד. וכך, אחרי כמעט שלושים שנים שבהם נשמתי מהפה והסתובבתי עם אף סתום רוב הזמן, האף נפתח והנשימה החלה לזרום בקלות. ההשפעה הייתה כה גדולה, שכשניסיתי לצלול כעבור זמן מה, האף

נסתם עם השנורקל והפה צריך היה לחזור ולנשום, זה היה לי כמעט בלתי אפשרי.

סינוסיטיס עצבני

הדבר הבא שנשר ופשוט נעלם כלא היה מחיי, היו התקפי הסינוסיטיס. לא הייתי צריכה לעשות דבר. כפי שאני רואה זאת היום, הנשימה שלי חזרה לסדרה, אנרגיית החיים (ה"פראנה") החלה לזרום בגופי טוב יותר וביעילות הגוף התחזק, התנקה מרעלים וחזר לאיזון. מערכת החיסון החלה להתאפס ולהיזכר בתפקידה. וכך, שתי בעיות משמעותיות מאוד, שמהן סבלתי רוב חיי, פשוט התפוגגו בקלות ולא שבו.

הפעם היחידה שבה חטפתי סינוסיטיס עצבני מאז הייתה עם הגיעו של חיידק ה־Covid, הידוע לשמצה. מדהים היה לראות כיצד הקורונה תפסה אותי בדיוק במקום הרגיש בגופי – הראש. הרגשתי כאבים מעל העיניים וברקות ותחושת חריפות חזקה באפי (כמו מעין מנטול שהיו נותנים לי כילדה קטנה לפתוח את אפי הסתום). אך מאחר שגופי כבר היה נקי לחלוטין מעל 12 שנה מכל תרופה או חומר כימי כזה או אחר, גם החולי הזה, שכל העולם פחד וניסה לברוח ממנו, חלף מגופי כעבור שלושה ימים בקלות ורק בעזרת הומאופתיה, שתייה מרובה, מנוחה והרבה ויטמין סי.

סרקו את הברקוד המצורף
להאזנה למדיטציית "נשימת
המעליות" המוקלטת בקולי:

שער השישי:

מוסר ומוסריות

"במקום לנסות ולכבוש ללא הרף את הרצון לרע...
על האדם להתבונן ולגלות כי באמת הרצון לרע,
אינו כלל שייך לו"

ליקוטי מוהר"ן עו ("צליל מכוון", רבי נחמן מברסלב עצות וסיפורים)

תקשור 2013, נתניה – מהו המסר?

האם את מוכנה לשיעור על המוסר?

אם כן, שיעור זה יעסוק במוסר וכשמעלים אנו מונח זה, עליכם להאזין ולהקשיב. במילה מוסר טמון מ.ס.ר חשוב ויקר לאנושות, שכן איבדתם את המוסר וקוצצים אתם אותו במסור, את כל שנקרה על דרככם.

שכחתם דרך ארץ, את האחווה, את האמת ואת היושרה. ולפני כל דבר אחר שעליכם לחפש ולעשות, עליכם לנהוג ביושר מלא, בדרך המוסר העליון, וכך לשמש דוגמה לאנשים הסובבים אתכם ובמיוחד במיוחד, אם הורים לילדים אתם.

כולכם איבדתם את אמות המוסר והן: אמת, יושר, צדק, אחווה, עזרה לזולת. התכוונו לזה חזרה בתוככם, שנו דרככם, נתקו מחייכם כל מה שאינו עומד בקנה אחד עם אמות מוסר אלו וראו זה פלא, תחומים נוספים בחייכם יתחילו לעלות על מסלולם הישר. שכן, כאשר מוכנים אתם להכיל את האור ממקום של אמת ויושר וסיוע לאחר שכמותכם, האור והטוב ייכנסו וימלאו אתכם ואת מעשיכם.

זכרי כיצד גם אצלך, מרגע שעלית על דרך המלך והתרת מעלייך נדרים ושקרים, האור החל להפציע, לקוחות החלו להגיע, ליבך נפתח ויחד עמו נפתחו ערוצים נוספים בחייך. למדי שיעור זה לכל אחד ואחת שכן זהו הבסיס לחיים כבני אנוש: ישראל ערבים זה לזה, ולא רק ישראל אם כי אתם חוד החנית ודוגמה ומופת לכל העמים שילכו בדרככם, ואם אתם איבדתם זאת, כולם הלכו לאיבוד.

יותר ויותר עליכם לשוב ולמצוא את האמת בתוככם. ככל שתרבו באמירת האמת כך תזדקק ותופיע לה האמת הפנימית שלכם ותוכל לבוא לידי ביטוי בכל מעשיכם, כהורים, כמורים, כמשרתי ציבור, כעובדים,

כאנשים כבני משפחה. הכול ייראה כה מסור: מערכות היחסים תהיינה מוסריות וכן מלאות מסירות, העובדים יהיו מסורים לעבודתם אם המנהלים ובעלי החברות ידבקו גם הם במוסר ולא בשחיתות ובעשיית הון על חשבון החלש. אמרי זאת יקירה, למדי זאת.

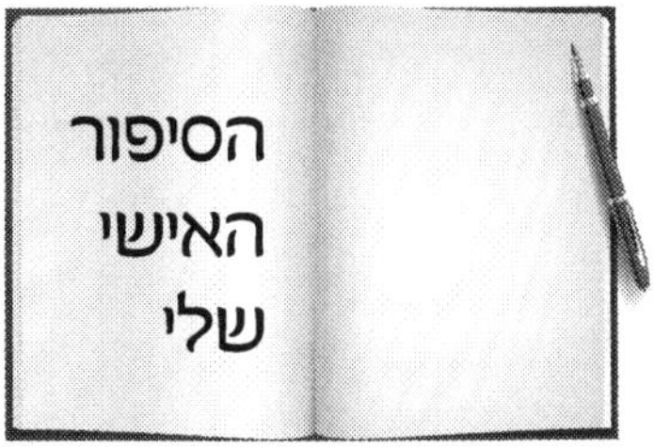

להפסיק עם השקרים

בבסיס הפילוסופיה של היוגה על פי פטנג'לי (B.K.S. IYENGAR, LIGHT ON YOGA SUTRA OF PATANJALI, AQUARIAN PRESS 1993), שבה העמקתי בלימודיי בעשרים השנים האחרונות, עומדות ה־Yama וה־Nyama, שמקבילות במעט לעשרת הדיברות בדת היהודית. אלו הן חמש "מצוות" עשה וחמש "מצוות" אל תעשה.

החוק הראשון נקרא Satya או Truthfulness = אמת בתרגום מסנסקריט, ותמיד הפתיע אותי שהוא עומד עוד לפני החוק השני, העוסק באי־אלימות. כלומר, שהאמת מגיעה לפני אי האלימות.

אני זוכרת את שיעורי היוגה שהעברתי בתחילת דרכי כמורה לפני 17 שנים. תמיד אהבתי לחבר את התרגול הפיזי אל התודעה ואל הפילוסופיה, אך כשהייתי מגיעה לשיעור בנושא Satya הייתי משתתקת או מדלגת עליו. למה? משום שעד אותה עת, היו חיי שזורים בחוסר אמת, בשימוש בשקרים קטנים, לבנים או שחורים, בעיגולי פינות ובהסתרות, ובתוכי החל איזה מאבק פנימי, שחש שלא בנוח לספר ולשתף "ולהטיף" על הבחירה באמת, כאשר איני מגלמת זאת בחיי.

החיכוך ואי הנוחות הזו והפער בין הרצוי למצוי בתוכי גרמו לי

לשמחתי הרבה לשנות את דרכיי בצורה משמעותית, לנקות מחיי, ממילותיי וממחשבותיי את כל מה שהוא לא האמת שלי, לשחרר ולבער שקרים והסתרות בתוכי ובתוך מערכות היחסים שלי. זהו המצפן שלי כבר למעלה מ־15 שנים, מאז שנתקלתי בנושא הזה ומאז שהגיעו המידעים הללו לחיי. ואכן, בזמן שבו ניקיתי והתנקיתי, דברים החלו להיפתח ולצמוח ברבדים שונים בחיי.

מדיטציה: תרגול ניקוי וזיקוק האמת

התבוננו בכל תחומי החיים: אישות, הורות, עבודה, הגשמה, חברות וראו היכן אין האמת ואמות המוסר מצויות בשפע. התבוננו היטב וראו עכשיו כיצד אתם משנים זאת, כיצד אתם מסירים מעצמכם את השקרים, את העבודה בעיניים, את הניצול ועושים הכול על דרך הישר.

דמיינו עצמכם פוסעים בשביל ארוך ורחב ידיים שהולך בקו ישר וככל שתצעדו עליו בבטחה וביושרה, כך בדרך תיפתחנה לכם עוד ועוד דלתות מדויקות לחייכם, דלתות של זוגיות ואהבה לאלו המחפשים אותה, דלתות של פרנסה ושפע, דלתות של יחסי חברות ושכנות טובה, דלתות של אהבה ועזרה הדדית. הכול נמצא שם, כך שכשהולכים וצועדים אתם בשביל עקום, מפספסים אתם דלתות רבות הנפתחות עבורכם. צעידה בשביל הישר של האמת והמוסר תפתח עבורכם את הדלת אל האור, אל מהותכם האלוהית.

היי ברוכה, אהובה, מבטינו נישאים אלייך בהכרת תודה על פועלך.

סרקו את הברקוד המצורף להאזנה למדיטציית "ניקוי וזיקוק האמת" המוקלטת בקולי:

השער השביעי:

הנתינה והעשייה למען האחר

"רוצה להתחיל דבר חדש? עומדת בפניך דלת סגורה
ובלתי נראית! המפתח הוא נתינה משלך לאחר"

ליקוטי מוהר"ן תנינא ד, ב ("אין מקום רחוק", רבי נחמן מברסלב)

במה אני יכולה להתנדב?

בשנת 2008, כששבתי לארץ מארצות הברית ופתחתי את הסטודיו ליוגה ולמודעות באבן יהודה, עלה בי הצורך להוסיף לעשייה שלי, המרובה גם ככה, נתינה שאינה תלויה בדבר.

עוד לפני כן רציתי להתנדב בארגון כזה או אחר, במיוחד עם ילדים או עם נשים, אך החיים היו חזקים מכך ועמוסים בגידול הילדים, בהתאקלמות בארץ, וביצירת בסיס הלקוחות לסטודיו החדש שלי, ועוד ועוד תירוצים כאלו ואחרים. למרות זאת, הנושא לא ירד מסדר היום מבחינתי, פשוט עדיין לא מצאתי לו את המקום הנכון או הזמן הנכון.

יום אחד, הייתה לי "הארה". הדבר שהקדשתי לו את מרבית יומי וזמני בזמן ההוא, מלבד גידול הילדים, היה הוראת היוגה. הסטודיו עדיין עשה את צעדיו הראשונים, השיעורים היו רחוקים מלהיות מלאים וחשבתי: מדוע שלא אציע את שירותיי אלו לגופים או ארגונים שעושים עבודת קודש בהתנדבות?

ואכן כך עשיתי. פניתי לחבר ילדות, שהיה פסיכולוג, וכחלק מתפקידו ריכז קבוצת מדריכי נוער צעירים בשנות העשרים, בפנימיית

"הדסים". המדריכים היו אמונים על ילדים שהוצאו מהבית במקרים קשים של אלימות או הזנחה ולפני שהועברו למשפחות אומנה. הצעתי שכל אחד מהמדריכים יוכל להגיע בזמנו הפנוי ולהשתתף בשיעורי היוגה השבועיים שלי לא עלות.

לצערי, וככל הנראה בשל העבודה האינטנסיבית ובשעות לא שגרתיות ביום ובלילה, אותם מדריכים לא ניצלו את האופציה הזו, אבל אני לא נואשתי ופניתי למרכז נוסף. היה זה מקלט בנתניה, ללא מטרות רווח, שהיה בית עבור נערות שנאלצו לעזוב את ביתן ככל הנראה בשל התעללות. הפעם הצעתי את שירותי היוגה שלי לנערות עצמן, ללא מגבלת זמן וכמובן שללא תשלום.

לשמחתי הרבה, אחת הנערות קפצה על ההזדמנות. במשך כל שנות התיכון הייתה משתרכת בשני אוטובוסים לסטודיו שלי באבן יהודה, להשתתף בתרגולי היוגה ובלימוד הפילוסופיה של היוגה. הקשר שלנו נשמר גם במהלך השירות הצבאי שלה ועד היום, ובפייסבוק אני רואה אותה ואת משפחתה ההולכת וגדלה והדבר מרחיב את לבי וממלא אותו.

מעולם לא שיתפתי אף אחד בסיפור הזה. הסיבה שחשוב לי לחלוק אותו עמך כעת היא שהרבה פעמים באמת קשה לנו למצוא את הזמן והמקום להכניס עוד משהו לחיינו מעבר לחיים עצמם. אבל, בדוגמה שלי אני מקווה שהבאתי ופתחתי בפנייך כיוון חדש של נתינה ללא תמורה, שהשתלבה ככפפה ליד עם העשייה שלי והאהבה שלי, לא צרכה זמן נפרד ולא העמיסה על חיי היומיום שלי, שהיו עמוסים גם כך.

בנוסף, וגם על זה מעולם לא שוחחתי עם איש, בשנים שבהן לימדתי יוגה ומודעות תמיד נהגתי לומר שאם יש תלמיד בסטודיו שבשל קושי כלכלי נאלץ להפסיק לתרגל יוגה, אני מבקשת שיפנה אליי באופן אישי. לא רציתי שיקרה מצב שבו בגלל כסף, מישהו או מישהי מתלמידיי (רובן היו נשים) יפסיקו לתרגל דווקא בתקופה קשה או מאתגרת. וכך, מעת לעת, הייתי מקבלת פנייה לעזרה, או מוצאת

עצמי מתעניינת בתלמיד מסור שלפתע הפסיק להגיע לסטודיו. לעיתים, אפשרתי תקופת תירגול ללא כל תשלום. לעיתים ביקשתי תשלום סמלי של 20 שקל עבור שיעור, במקום התשלום המלא של 60 שקל שהיה נהוג אצלי באותה תקופה. בכך אפשרתי לשני הצדדים נתינה וקבלה.

תקשור 2013, נתניה – נתינה של עשייה טהורה

הנשמה שלנו רוצה רק טוב, רק נתינה היא מבינה, נתינה ללא תמורה של עשייה טהורה. ספרי אהובה כיצד רצית את להתנדב ומפאת יומך העסוק זה לא יצא, אך המשכת לחפש דרך כיצד לתת את מה שאהבת יותר מכל, את היוגה שלך, את הידע שלך והלכת ופנית לגורמים שונים והצעת להם את היוגה ללא כל תמורה, בלא לקבל או לבקש דבר בחזרה. ואכן, זו הנתינה שעליה אנו מדברים ושבכל עת ועת מוכנה את לקבל אל כתלי ביתך, אל משכנך, אדם גבר או אישה שידם אינה משגת לשלם את השיעורים ועדיין מציעה את להם לבוא ולהגיע בתמורה לנתינה סמלית כך שירגישו הם טוב ותדעי שאת מקבלת משהו על מאמצייך. זוהי נתינה בלב פתוח.

אם תחכו עד שיהיה לכם זמן ותמצאו משהו מתאים שאתם אוהבים, לעולם לא תעשו זאת. התחילו עכשיו בקטן, תנו משהו למישהו אחר, כסף זה הקל ביותר, נסו לתת תשומת לב, אהבה או מזמנכם היקר, אפילו מעט אפילו קצת, כך שלבכם יתמלא מעצמו כמו מעיין. אף אחד אינו חייב או צריך לדעת על כך, רק אתם בעצמכם, ואם יידעו אחרים הרי זה משובח כי אולי יאותו גם הם לעסוק בלתת.

מפגשי תרגול תקשור שעורכת את יקירה בביתך: מ.ת.ת קראת את להם, גם הם נתינה של אהבה, תקווה לעולם אחר, לתרגול ידע קדום, שכבר היה נחלתם של אנשים אלו, אך מפאת חוסר התרגול עזבו ושכחו את האור והנה את מחזירה להם את ההזדמנות להתחבר ולתרגל לשהות באור ולעסוק בנתינה באהבה בעזרה לזולת ועל כך ברוכה תהיי.

הערת המחברת:

מפגשי מ.ת.ת = מפגשי תרגול תקשור שנערכו אחת לשבוע בשש בבוקר. היינו נפגשות כמה חברות שכולן עברו את קורס התקשור אצל מורתנו ענת, יושבות יחדיו בשקט, מתחברות וכותבות את המידעים שהתקבלו ואז משתפות האחת את השנייה במסרים ובמידעים אלו.

נתן הנביא מוסר לך כל זאת, קראי עליו, קראי את משנתו והטמיעי את דבריו על נתינה, על הלב שנפתח מעשייה. לבכם נבנה כך, יקירה, שבמעשה הנתינה יהא הוא לחם יומכם. מחקרים שלכם מוכיחים זאת היום שאדם העוסק בנתינה מרפא עצמו.

החולה - צריך הוא לסעוד מישהו החולה ממנו.
האבל - צריך לשמח מישהו שאיבד גם הוא את יקיריו.
למעוטי הכסף - יש לעסוק בנתינה ובסיוע למישהו שזקוק יותר וכך הלאה וכך הלאה.

רק הנתינה והעשייה למען האחר היא שתרפא אתכם ממכאוביכם, זאת היטיבו לזכור, שכן כשכואבים אתם, נטייתכם היא להיסגר ולהישמר בדלת אמותיכם, אך ההפך הוא הנכון. לצאת ולעשות, לתת ולסייע. ברגע שתהיו עסוקים בעשייה למען מישהו מחוצה לכם, תיגאלו מן הכאב האישי והלב ייפתח, הפצע ייהנה מה"פראנה" ורק כך יוכל להגליד.

אם תשאירו את הפצע סגור, המוגלה תעלה על גדותיה והכאב רק יעמיק. שום תהליך ריפוי לא יקרה שם. על כן, התמידי בנתינה לאחר, של זמן, תשומת לב, לימוד, תרגול יוגה, כסף ועוד ועוד, ככל שמתאפשר לך בתכיפות רבה ועולה, וכך כל שתזדקקי לו תמיד יהיה שם עבורך. ברוחב לב, בנדיבות, בשפע שכן מלאה את בכל, שופעת ופתוחת לב, אל היקום, אל הבריאה, אל כל ברואיה. אמן.

תקשור 2022, ארה"ב – מדיטציה של נתינה וקבלה

רכובה על אופנוע כבד

את המדיטציה הזו קיבלתי בתקשור, בעת שהייתי רכובה על אופנוע כבד, מאחורי בן זוגי, לראשונה בחיי (אף שהוא במשך שנים רכב על אופנועים כבדים, בארץ ובארה"ב), מחבקת אותו בחוזקה בגלל הפחד, שכן נסענו בדרך מפותלת, באריזונה. הקול שבתוכי החל להרגיעי אותי שעליי לבטוח בו, ביקום ובבריאה, ואט אט החלה לרדת לה המדיטציה הזו על כל פרטיה, ואני יכולתי להתחבר לבן זוגי אל הנופים, אל הבריאה כולה ולהתמסר לקבלה ולנתינה.

המדיטציה מבוססת על הנשימה שלנו, על הפעולה הפשוטה של השאיפה והנשיפה, ואלו משולות לקבלה ולנתינה. השאיפה היא היכולת לקבל, להכיל, והנשיפה היא היכולת להעניק, לתת, לשחרר. כמו הנשימה שלנו, אין אנו יכולים להתמקד רק בקבלה, או רק בנתינה – שניהם נחוצים כדי לנשום ולחיות. ניקח לרגע שאיפה עמוקה, נמשיך לשאוף עוד ולמלא את כל המיכל ואז להחזיק, נחזיק עוד ועוד קצת ואז מגיע הרגע שבו אין אנו יכולים להחזיק באוויר יותר וחייבים לשחרר ולנשוף הכול החוצה, נכון? גם אם נרצה מאוד, אין אנו יכולים להחזיק את השאיפה עד אין קץ. עכשיו בואו ניקח אוויר לרגע ואז נתחיל נשוף ברכות החוצה, ועוד לנשוף, ולהוציא את כל האוויר מהריאות ועוד קצת ולהחזיק שם, עוד טיפה. ושוב, גם כאן אנחנו חייבים לקחת את השאיפה הבאה.

למדיטציה הזו יש שני שלבים:

השלב הראשון עוסק בקבלה ובנתינה, ומכאן גם שמה. נתחיל בדוגמה של הנשימה: כאשר את נושמת, את מקבלת את החמצן, את הפראנה, שנמצאים סביבך עכשיו. כשאת נושפת, את נותנת, משחררת, ומניחה

לדברים לצאת, לעזוב את גופך. זהו הרעיון הבסיסי של המדיטציה הזו. לשם כך נבחר זוגות של הפכים – הדברים שאת רוצה יותר אל תוך חייך ומנגד, הדברים שאת רוצה לשחרר. זוגות הפכים אלו יכולים להיות מותאמים ומשתנים בכל פעם שנרצה לתרגל אותם, בהתאם למה שאנו חווים באותה עת, וכל אחד מאיתנו יכול לבחור לו את הצמדים ואת ההפכים הרלוונטיים לחייו.

לדוגמה, אני אדריך אותך לשאוף אהבה עם נשימה עמוקה, ובנשיפה, לשחרר את הפחד, כי אהבה ופחד הם הפכים. אציע כמה וכמה זוגות כאלו ואז אתן לך זמן לבחור נושאים ספציפיים שאת רוצה לטפל בהם עבורך.

בשלב השני, לאחר שניקינו מעצמנו את מה שאין אנו זקוקים לו עוד, ושמנו דגש על ה"כן," אנו רוצים להעצים אותו על ידי הנתינה לאחר. נבחר במודע להעניק בחזרה את מה שקיבלנו. לדוגמה, אם את שואפת אהבה וממלאת את עצמך באהבה, את צריכה לשתף אותה עם כל הסובבים אותך כדי להשלים את מחזור הנתינה והקבלה.

האם את מוכנה? זה באמת פשוט, ואפשר לעשות את זה בכל זמן ובכל מקום עם עצמך. המדיטציה כתובה בלשון נקבה שכן כך הועברה אליי במקור.

מדיטציה

מצאי תנוחת ישיבה נוחה, הניחי את כפות הידיים על הברכיים, גלגלי את הכתפיים לאחור ולמטה, עצמי את העיניים בעדינות והתחילי להבחין בנשימה שלך, הטבעית. פשוט לשאוף ולנשוף. כשאת נושמת פנימה והחוצה, רק היי מודעת לרעיון הנתינה והקבלה. בואי נתחיל.

בשאיפה, את מקבלת פראנה, אנרגיית חיים, חמצן לגופך, וכשאת נושפת, את משחררת פחמן דו־חמצני וכל מה שאינך צריכה. זה נמשך עד הנשימה האחרונה שלך. שאפי קבלה, ונשפי נתינה. נתחיל בשאיפה עמוקה של אהבה. מלאי את עצמך באהבה, אולי בדמיונך יכולה את

לראות קרן אור ירוקה שנכנסת לגופך. כשאת נושפת, שחררי פחד, אולי בדמיונך יכולה את לחוש ולראות חומר צמיגי עכור ודביק היוצא מגופך לכיוון החיץ שבין הנקבים. נשפי את כל הפחד – מחשבות או תחושות – ושחררי אותו. שאפי עמוק שוב, את כל האהבה שסביבך, ונשפי, תוך כדי שאת משחררת את כל הפחד שאספת מאז לידתך והכניסה לגוף האנושי הזה שבחרת לך.

עכשיו, שאפי בריאות. נולדת בריאה, וזו זכות בסיסית שעמה נולדת – להיות בריאה. שאפי עוד יותר בריאות, וכשאת נושפת, שחררי כל מחשבה או תבנית של מחלה וחולי, תני להן להינמס, להתפוגג ולהיעלם. חזרי על זה, שאפי את כל הבריאות שיש בתוכך, והכירי במערכות הגוף המדהימות שלך שעובדות בהרמוניה. נשפי החוצה מחלות, עיוותים, זקנה, ושחררי כל דבר שלא עובד באופן הרמוני ומאוזן.

בשאיפה הבאה, הכניסי בהירות. שאפי את כל הבהירות שאת צריכה בחייך, בעבודה, בעסקים, במשפחה ובבריאות. נשפי החוצה בלבול, שחררי כל דבר שגורם לבלבול, ודעי מה הכי טוב עבורך. שאפי אושר והכירי בכך שהוא כבר קיים בתוכך, ונשפי עצב, אפשרי לו לעזוב את גופך לחלוטין. שאפי סבלנות, מלאי את עצמך בכל הסבלנות שבעולם, ונשפי חוסר סבלנות, שחררי כל דבר שחוסם אותך ולא משרת אותך יותר. לבסוף, שאפי אחדות, הרגישי אחדות בתוך עצמך וביקום. נשפי הפרדה, אפשרי לה להתמוסס ולהיעלם, והרגישי פשוט אחת. הנה כמה רעיונות לצמדים נוספים שאת יכולה לבחור להכניס למלא, לנקות ולשחרר:

בשאיפה הבאה קבלי **השראה** ובנשיפה שחררי **קנאה**

בשאיפה הבאה קבלי **שפע**, ובנשיפה שחררי **חסר ומחסור**

בשאיפה הבאה הכניסי **גמישות ושינוי**, ובנשיפה שחררי **סטגנציה וקיפאון**

בשאיפה הבאה הכניסי וקבלי **התרחבות**, ובנשיפה שחררי **כיווץ והתנגדות**

חזרי לנשימה הטבעית שלך, ונעבור לשלב הבא. כדי לקבל יותר ממשהו, עלינו להעניק אותו למישהו מחוצה לנו. נמשיך עם אהבה, בריאות, בהירות ושמחה, אבל עכשיו נשתף אותם. שמרי על עיניים עצומות ושאפי אהבה, הרגישי אותה בתוכך. נשפי, וחושי שאת משתפת באהבה את כל הסובבים אותך. שאפי בריאות, זכות הלידה שלך, ונשפי ריפוי, שתפי במחשבות מרפאות את כל הסובבים אותך, את יכולה גם לבחור אדם מסיים שזקוק לאנרגיית ריפוי ובריאות. שאפי שמחה, הרגישי אותה בתוכך, ונשפי אושר, תוך כדי שאת משתפת אותו עם כל הסובבים אותך. נעשה עוד אחד יחד – שגשוג. שאפי אותו לקרבך, הכירי בכך שהוא בתוכך, ונשפי, תוך שאת משתפת בשפע בכל צורותיו, לא רק כסף, אלא גם אהבה, שמחה, אושר, ובריאות את כל הסובב אותך.

כעת, קחי כמה רגעים של שקט עם עצמך, ובחרי את הדברים שאת הכי רוצה וזקוקה להם. קחי שאיפה עמוקה נוספת, מלאי את עצמך בדיוק במה שאת צריכה, וכשאת נושפת, תהיי מוכנה לשחרר, לשתף, ולתת. קבלה ונתינה, נתינה וקבלה.

אט אט בסיום התהליך, הביאי את כפות ידייך למרכז הלב בתנוחת הודיה, הרכיני ראשך, וחושי כיצד המוח מתמסר אל הלב והם מתמזגים בהרמוניה. תודי לעצמך על התהליך וזכרי שאת תמיד מוזמנת לשוב אליו, להאזין למדיטציה, לחזור עליה ולהוסיף לה את הדברים שלהם את זקוקה. זה כל כך פשוט, אך כל כך עמוק, ויכול לשנות את חייך ממש עכשיו. את מוזמנת לפתוח את עינייך ברכות.

סרקו את הברקוד המצורף
להאזנה למדיטציית "נתינה
וקבלה" המוקלטת בקולי:

שער שמיני:

בריאת המציאות המיטבית

"כאשר האדם עוצר את שטף מחשבתו
כדי לחשוב מחשבה טובה, אז הוא למעשה
בורא עולם קטן וממלא אותו באור"

ליקוטי מוהרי"ן מ"ט א' ("צליל מכוון", רבי נחמן מברסלב)

תקשור 2013, נתניה – עשייה

המילה היא הכלי

בת אור יקרה, ברוכה השבה, ברוכה תהיי על פועלך זה, על שובך אל האור, על קיום קבוצת תרגול זו (מ.ת.ת – מפגשי תרגול תקשור) חשוב הוא התרגול, שכן בלעדיו שוכחים אתם את העלייה אל האור, את השהייה בו, את האהבה האינסופית, את האור. הסכיתי ושמעי אנו מגיעים אל השיעור הבא במסע אל הנשמה והפעם עשייה ובריאת המציאות.

עשייה – בתוכה חבויה המילה "עשה ה'". כשם שעשה הוא בעזרת המילה, כך גם נותן לכם במילה כוחות בריאה עצומים בתוכה. על כן עליכם להשתמש בה בחוכמה, לזכור ולדעת כי אחרי כל יצירה ישנן גם מנוחה, והשתאות והודיה, וכי כל אשר עולה על דל מחשבותיכם או על שפתכם, מתגשם הוא גם אם אינכם יכולים לראות זאת מייד. הכול קורה, הכול קורם עור וגידים.

על כן המילה היא הכלי והבריאה כולה בידכם. באפשרותכם ליצור כל דבר ולהביאו לתוך חייכם ובידכם גם הבחירה: אור מול חושך, קושי מול קלות, טוב מול רע. הכול קיים כבר. בחירתכם, מילתכם היא זו שהופכת דבר אחד לכזה ודבר זה לאחר, ועל כן בחרו בקפידה. גם אי בחירה זו בחירה אשר מאפשרת לדברים בלתי רצויים או בלתי מדויקים להיכנס לחייכם ועל כן היו כל הזמן בתודעתכם ובחרו נכונה. בחרו באור ובטוב, בחרו באהבה ובנתינה וכל עולמכם ישתנה.

וכעת היי עמנו רגע בשקט וקבלי את התדרים, תדרי הרקיע השביעי, אל תוך גופך, אל תוך משכנך, אל הבריאה האישית שהיא את. התמלאי

באור, אור השכינה והכניסינו תחת כנפך, אל תוך מקדשך הפיזי, על מנת ליצור את ההתמרה. התמרה זו מתחילה היא בתאים של הגוף הפיזי ומחלחלת היא אל תוך הנשמה, אל תוך ליבך, אל האלוהי והנוצץ בתוכך. היי עם תחושות אלו עוד ועוד.

דרך האור

השחר מפציע, הציפורים שרות לכם את שירת הבוקר, כל יצור וכל נברא עושה הוא את שהבורא הטיל עליו, ואילו אתם, בני האדם, עושים לעיתים ללא כל כיוון המדריך אתכם, ללא כל הנחיה – "הנחה יה". שוכחים אתם שבני האלוהים אתם ובאתם לעשות הכול כדי לשוב ולהתחבר אליו, אל הבריאה, אל עצמכם. על כן לעיתים חווים אתם קושי, כאב, אבל, שכן עצירה מוחלטת זו מעשייתכם האוטומטית תגרום לכם לעיתים לשאול את השאלות הנכונות, לתהות על עשייתכם נטולת התוכנית ולהתחיל לשוב אל דרך האור, אל ייעודכם, אל מהותכם, אל החיבור האלוהי שבתוככם.

למדי נא שיעור זה, יקירה, את אהובייך, את יקירייך, את תלמידייך, שכן כל עשייתכם בעולם זה באה היא לסייע לכם ללכת בדרך האור והאהבה וכשקשה לכם, כשהדברים אינם הולכים בקלות באהבה ובזרימה, סימן הוא עבורכם שאינכם עושים זאת כדרכו של הבורא. שמשהו בעשייתכם אינו מדויק, וכי אינו עולה בקנה אחד עם התוכנית האלוהית. או אז, שנו את דרככם. עצרו להתבונן ונסו לכונן דרככם ולעלות על דרך הישר, לחזור לעשייה, עשייה מתוך אהבה וחמלה כדרכו של הבורא. לעומת זאת אם עשייתכם מדויקת היא ונכונה בכל רבדיה, תלך היא בקלות רבה כאילו כל השמות מסונכרנים בדיוק עבורכם.

דעו זאת, ילדים יקרים, הקושי וחוסר הזרימה מעידים הם על הצורך בכוונון מחדש וכאשר תעלו על הדרך הנכונה, כל עולמות היצירה והבריאה נתונים הם עבורכם. היי ברוכה בת אור יקרה, שאי ברכה על פועלך ועל מעשייך בעולמכם זה. אמן

תקשור 2022, ארה"ב – שנה עברית חדשה

את זאת עלינו ללמדך, אהובה, אכן כל שרואים אתם בחייכם כעת תוצאה הוא של כל מה שעשיתם,

חשבתם, הגיתם ובחרתם בשנה הקודמת.

היכן התקדמתם?
היכן ריפאתם?
היכן השגתם את מבוקשכם? והיכן לא?
כל מה שנמצא בחייכם ובוצע כבר, אשריכם הוא. כל מה שלא, זה הזמן לבחור ולשים אותו בתשומת הלב כעת על מנת שהזרעים יוטמנו באדמה ויבשלו לעץ האלון של חייכם בשנה הקרובה.

שתילת הזרע

אותו זרע קטן, שנמצא כעת בכיסך, לא יוכל לנבוט אם יישאר שם. מחוייבים אתם לעבודת השתילה:

לבחירה להוציא מהכיס
להכנת האדמה, במקום המתאים
לחפירת הבור או הגומחה
להטמנה. טמון = מטמון
מרגע שטמנתם, שני דברים עליכם לעשות:
להעניק את המזון וההשקיה הראויה
לספק את התנאים הבסיסיים לצמיחה - שמש ומים -
ולהאמין שכל השאר כבר ייעשה באפס מאמץ.

הכוונה היא לידיעה הפנימית, לאמונה שהדבר יקרה, כי הוא כבר קורה, כי כך הדבר הוא בטבע. ובדיוק כך הדבר בחייכם.

מתי אין משהו מתרחש?

כאשר לא סיפקתם את שני התנאים הבסיסיים וכשמעלתם באמון. המילה ״מעילה״ אולי היא חזקה מדי; כאשר איבדתם את האמון. גם הזרע בטבע, אין עליכם לדעת כמה ימים מרגע שתילתו יצוץ הוא מעל האדמה, אולי שבוע, אולי חודש, שם עליכם לדבוק באמונה, לא זו הדתית שרבים מכם כה חוששים ממנה, באמונה בעצמכם, בבריאה, בטבע, בטבעכם, כי כך פועל הדבר מחוץ לכם ובתוככם.

כל מה שנשתל בתודעה שלכם נובט הוא, אז האם תתנו לעשבים שוטים לגדול שם ללא שליטה, או שמא תבחרו בקפידה כל זרע, כל שתיל, על מנת שיצמח שם גן ירק, שופע פרי עסיס ופרחים צבעונים מדיפי ריח גן עדן? הבחירה תמיד בידיכם, הידיעה איך וכיצד לעשות זאת אולי לא הייתה זמינה לרבים מכם, אך עכשיו זה הזמן, זה הזמן לבחור יותר מתמיד:

מה נכנס לחייכם?
מה מכניסים אתם לגופכם?
מה נשתל בתודעתכם?
במה בוחרים אתם?

לאן אתם מכוונים את תודעתכם?

כי הרי כשתשימו את הדעת על משהו, כשתפנו אליו את תשומת הלב, הדבר יגדל בעולמכם.

האם תשימו לב לדאגות, ללחץ, לפחדים ולחששות?
או שמא להגשמה ולשמחה!
לבריאות ולאמונה!
לשלום ולאושר!
לשפע ולצמיחה!

יקרה, בוראת את את מציאות יומך, מציאות חייך, בכל רגע ובכל שנייה, בכל בחירה של מילה, של מחשבה, טומנת את זרע בכל עשייה, שותלת את תוצאה. בחרי בקפידה, במודעות, בידיעה שאת גינת חייך המשגשגת רק את שותלת, לא הבעל, לא בת או בן הזוג, הילדים או ההורים או הבוס. במו ידייך, במלוא כוונתך. רעיון מצוין הוא להעניק לכל אחת מתלמידותייך שתיל מגינתך, שישאו את אנרגיות השפע שלך וכך תרבי את את השפע אל חייך, אל גינתך הפיזית וגינתך המטאפורית, המטאפיזית וחוזר חלילה.

תקשור 2023, ארה"ב — אהיה אשר אהיה, הנני אשר הנני

יצירה אלוהית יש מאין

ברוכה את, ילדת אור אהובה, ברוכה הבאה, ברוכה הקיימת, ברוכה השבה. כן חסרה את לנו בימים אלו, יודעים אנו כי הדבר אינו פשוט, משימתכם בימים אלו אף מאתגרת עוד יותר מן השוטף שלכם, אך לשם כך הוכשרת, לשם כך התאמנת, להחזיק באור, לא משנה מה מראה המציאות מבחוץ, להתחבר פנימה ולראות את הטוב, לא משנה כמה אופל מתגלה מבחוץ, לחוש את האחדות והאהבה פנימה, לא משנה כמה פילוג, הפרדה ושנאה נושבים בכל עבר.

ואת עושה זאת יקירה, רוב העת, וגם אם נופלת את ברגעים כאלו או אחרים, אך טבעי הוא הדבר, היי רכה ומכילה עם עצמך, שכן אין עדיין אפשרות להיות באור כולו כל העת, שכן עדיין אתם בעולם החומר והדואליות של ממד שלוש. נכון, לעיתים חשים אתם את ההתעלות לממדים הגבוהים אך כל עוד שבים אתם לממד זה, יכולים אתם למעוד

מדי פעם. אל ירפו ידייך, המשיכי בפועלך, בעבודתך, בלימודייך ובנתינתך, מצאי דרכים נוספות לתת ולהעניק ובמקביל לקבל תשלום הולם עבור הידע שלך, כוחותייך ויכולותייך המופלאות.

מיובשת

היובש שרואה את מול עינייך משקף הוא את היובש הפנימי, בגופך, במחשבתך, בעמך, במדינתך. יבשו וכלו הדרכים לפעול כמו פעם, דברים אלו אינם עובדים עוד ועליכם להתמיר במוחכם ולהבין שעליכם למצוא בתוככם כוחות פנימיים וליצור מתוך מקומות חדשים של יש מיש.

אחד הכלים לרפא את היובש הפנימי הוא להרבות בשתיית מים ואת זה אינך עושה מספיק. ברגע שתתחילי להזינך מבפנים במים טובים (הכיני את המים בבקבוק הכחול ואז שפכי אותו לכלי בטוח יותר וכך הרבי בשתייה, שתי עוד ועוד), תראי את השינוי על עורך, על פנייך, בשערך, בגופך ואז גם באגמך, במים הסובבים אותך. ראי שאין זו אלא בצורת פנימית ושעלייך להשקותך מבפנים קודם וגם כשאינך רואה את השינוי עדיין, להמשיך ולהחזיק בו ולדבוק בו.

הראייה שמעבר

בכל עצותינו לך, בכל הטכניקות והמידעים שהבאנו לך ודרכך, דבר אחד אין עדיין ביכולתנו להעניק לך או לאחר והוא הראייה שמעבר. הראייה, שהכול כבר כאן ואין זמן כזה או אחר, ועל כן אין אנו יכולים לומר לך מתי תראי את ההקרנה החדשה בעיניך החיצוניות. אצל אחד זה יכול להיראות מחר ואצל אחד בעוד מספר חודשים. ולא משום שזה לא קיים, או שלוקח לאלוהות מספר חודשים לייצרו.

הכול מיוצר, הכול נוצר, הכול כבר קיים. רק שבתודעתכם עדיין ישנה מגבלת זמן וממד, אשר יוצרת את ההפרדה בין בקשתכם ויצירתכם לבין מימושה בעולם החומר, או כפי שיודעים אנחנו – בהקרנתה מתוך תודעתכם.

עצמי עינייך אהובה ובואי נתחיל בתרגיל קצר. חשבי על הסביבה שבה רוצה את להיות, והתחילי לדמיין אותה:

> אני מדמיינת מים שזורמים מתחתיי, ילדים קופצים מהרציף של ביתנו על שפת האגם ושוחים בהנאה, אני ודוד משתמשים בקיאקים ובסאפ, הסירה חונה בניחותא ברציף, וממנה יוצאים אנו יומיום לשייט בהנאה מרובה. צמחי התבלין שלי, הירקות ועצי הפרי שלי צומחים בשפע ומניבים פרות רבים, אני מארחת ערבים רבים של נשים בסטודיו החדש באגם, בטבע, במסיבות התעוררות גדולות של כשלושים־ארבעים נשים!
>
> גוף, נפש, רוח, מיינד ולב מתמזגים להם יחדיו בהרמוניה בכל דבר שאני עושה ומלמדת. האתר שלי נפלא, מדהים ומושך נשים רבות ללמוד עימי בלייב ובזום. הספר שלי נשלח להגהה ומבוקש על ידי הוצאה לאור נפלאה שמוכנה להדפיס אותו. אני עובדת על ה־Tedx ונבחרת להציגו בתחילת השנה והוא מגיע למיליוני נשים בעולם. אחת לחודש, אני נוסעת למקום מהמם אחר בעולם ומלמדת שם **רוחניות, גופניות וחיוניות** ואיך הן כרוכות זה בזו, והינן חלקים של אותו שלם, כמו אותו שולחן בעל שלוש רגליים, שאין הוא יכול לעמוד ברגע שאפילו אחת מרגליו אינה באותו האורך.

תני לידך להקליד ולמוחך השמאלי להיות בצד ורק לשמוע, אין פה שום כוונה או דרך או משהו שעליך לעשות, רק להיות, רק להוות, רק להיות

הכול, הצינור שדרכו יורדת עכשיו הידיעה, אותה ידיעה עמוקה שמצויה בך, שתמיד הייתהו תמיד תהיה.

הסכיתי ושמעי, אני אלוהי אלוהייך, אלוהי אבותיך, אלוהי העולם כולו, "שמע ישראל ה' אלוהינו ה' אחד" זה אני, אני בתוכך, בתוך כל אחד מכם, אין אלוהים אחר מלבדי, אין אלוהים בעל שמות אחרים או סוגים אחרים של אלוהות, רק אלוהות אחת, אחת שכולה בכם, אחת שכולכם חלק ממנה, חלק אינטגרלי ובלתי נפרד.

מהיכן יצרתם אלוהויות שונות? מהיכן ומשום מה יצרתם את הדתות? אין לי על כך מילים נוספות שכן חבל לבזבז עוד מילים על משהו שהוא שקר וכזב. האמונה באלוהות טמונה בכם והגיעה הזמן לעוררה. אם קשה לכם המילה אלוהים, אפשר להחליפה במילה אנרגיה, או בריאה, שדה, או כל דבר אחר. אין המילים משנות בעולמנו, ובעולמכם הן רק כלי שניתן לכם על מנת להיות מסוגלים לתקשר, וגם אם כיליתם, קלקלתם, הרסתם והפרדתם, הטלפתיה היא הכלי היחיד שצריכים אתם להתעורר ולהעירו בתוככם. אין זו מתנת יחידי סגולה, כי אם מתג הנמצא בתוך כל אדם ואדם על פני הפלנטה שלכם.

טלפתיה

בואי נדבר לרגע כיצד יכולים להעיר אתם יכולת זו בתוך מוחכם המוגבל. יתכן שאת חשה את הביקורת שלנו, אך מוחכם אינו מוגבל הוא בכלל, מכונה קוסמית אינסופית היא, אך אתם במו ידיכם ואמונתכם הגבלתם אותו כל כך, עד שאינו משמש לכם ככלי שמחשב־על הוא, אלא כמעצור.

אז כיצד מפעילים אנחנו את היכולת לדבר בצורה טלפתית עם הבריאה כולה, כל שכן עם יצורי האנוש האחרים בפלנטה שלנו?

אקטיבציה – אני ידיעה אלוהית

עצמי עינייך והתרכזי במרכז העין השלישית במוחך שבמצחך. לחצי על הנקודה באצבע המורה שלך וסובבי 10 פעמים לצד ימין. לחצי על הנקודה באצבע המורה בידך השנייה, סובבי עשר פעמים ואמרי את השורות הבאות:

אני ידיעה אלוהית,
אני תקשורת אלוהית,
אני חיבור אלוהי עם כל הבריאה כולה.

תודה. זה נעשה זה נעשה זה נעשה.

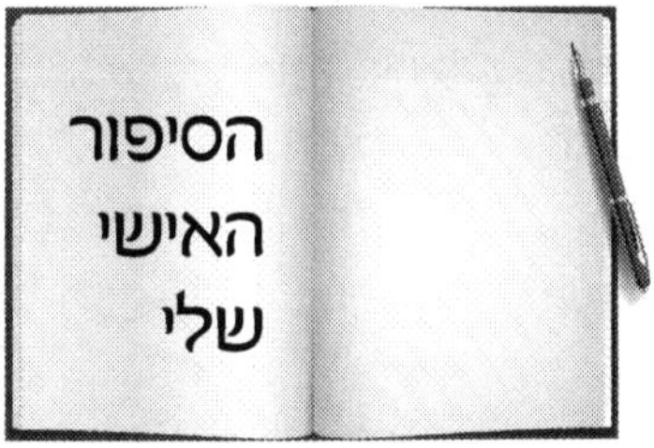

בריאת מציאות

לאורך השנים, היו לי, ועדיין יש בידי, כל כך הרבה סיפורים אישיים וקסמים מטורפים שקרו לי בחיי, של בריאת מציאות, אפילו כזו שמעולם לא הייתה חלק מחלומותיי או מחשבותיי הפרועים ביותר. אבל אולי כדאי שאתחיל ממש מההתחלה, מתי לראשונה בחיי הרגשתי או חוויתי שהדרך שבה אני בוחרת להסתכל על המציאות היא שקובעת כיצד היא תיראה.

את הסיפור הזה כתבתי לפני שנים רבות בטור חודשי שהיה לי במשך שנה במגזין "מנטה" ובו שיתפתי כיצד אני מביאה את תרגול היוגה גם אל מחוץ למזרן ואל תוך חיי. הסיפור הזה, שהתרחש בתחילת שנות העשרים שלי, הרבה לפני שהתחלתי את דרכי בעולמות הרוח המופלאים, היה ללא ספק נקודת מפנה בדרך שבה הסתכלתי על החיים, תרתי משמע.

היה זה אי שם בשלהי שנות התשעים, בהיותי בת 20. גרתי ביחד עם בן זוגי בדירת סטודיו בתל אביב. כבר אז אהבנו מאוד את השהייה בטבע, והיינו יוצאים הרבה בסופי השבוע, לטייל בצפון הארץ, שם גם החלה אהבתנו, בבסיס חיל האוויר ברמת דוד.

הפעם החלטנו לצאת לאזור של הר מירון, ביחד עם זוג חברים קרובים.

כמובן שכל טיול היה גם סיבה לחגיגה קולינרית. עד שהגענו לחניון בתחתיתו של הר מירון, אחרי כל העצירות בדרך, הייתה זו כבר שעת צוהריים מאוחרת ביום שבת חם מתמיד, בשלהי סוף הקיץ, ואנחנו החלנו בטיפוס מעלה. הבנים היו בראש וטיפסו בקלילות, ואני וחברתי השתרכנו לנו מאחור, תוך כדי שאנחנו מקשקשות לנו ונהנות מהזמן המשותף יחדיו ומהטבע. כשהגענו כולנו לפסגה, עייפים אך מרוצים, עשינו עוד עצירה לפיקניק, משתאים מהנוף ומהאוויר הצלול, ואז היה עלינו להתחיל את הירידה המפותלת מטה.

בשלב מסוים, נראה לי שפשוט סטינו מהמסלול המסומן. בהתחלה הכול היה נפלא, מצב הרוח שלנו היה מרומם, אבל ככל שהזמן חלף, הייתה לנו תחושה שאיבדנו את הדרך, היא התארכה והתארכה, הירידה מההר הייתה תלולה מאוד, שרירי הרגליים כאבו, המים אזלו ובחוץ כבר נראו קרניה האחרונות של השמש.

הבנים צעדו בראש ופילסו את הדרך הסבוכה בצמחייה קוצנית, ואנחנו השתרכנו מאחור. חברתי קיטרה ללא הפסקה ואני חשתי בדיוק כמוה, אבל הבכיות והקיטורים שלה רק החמירו את המצב. מחשבות טורדניות התחילו להסתובב במוחי, על איך ייחלצו אותנו, מתי יבחינו שהלכנו לאיבוד ועוד ועוד זוועות...

להזכירך, לא היה דבר כזה טלפון סלולרי, gps או כל עזר חיצוני אחר. זה היה אנחנו, ויכולות הניווט המוגבלות שלנו. כל שרציתי היה כבר לראות אותנו מגיעים לרכבנו המחכה למטה, אך החניון המיוחל אפילו לא נראה באופק והחשש והספקות ממשיכים למלא את ראשי.

וכך, כשאני צועדת לי מכונסת בתוך עצמי, עייפה, מותשת ומתוסכלת, מוקפת בצמחיית הרים סבוכה אך מלאה אוויר צלול בריאותיי, חוויתי "הארה". באותו רגע איני חושבת שהבנתי לגמרי את משמעותה המהפכנית ואת הקשר שלה ליכולת שלנו ליצור את מציאות חיינו בשיתוף פעולה עם הבריאה. רק שני דברים התבהרו

במוחי: הראשון, היה לי ברור שאף אחד לא יציל אותי מהמצב הנוכחי ויישא אותי על כפיו מטה. והשני, שבדיוק מאותה הסיבה, עליי להתעשת ולשנות את הדרך שבה אני מסתכלת על האתגר הפיזי והמנטלי שלפניי.

להפתעתי הרבה, תוך כמה רגעים התמלאתי באנרגיה מחודשת והתחלתי להחיש צעדיי מטה, בזמן שאני ממלאת את מוחי במחשבות חיוביות על הנוף היפה המקיף אותי, על הטיול הכיפי שבחרנו לעצמנו ועל האתגר של סלילת נתיב משל עצמנו, ממש כמו בחיים. וכך עוד לפני ששמתי לב חלפו להן שעה וחצי נוספות שבסופן התאחדנו עם שביל הירידה המוסדר והגענו לרכבנו.

אפילו מספר שנים אחרי כן, עדיין לא קלטתי שמה שקרה לי שם על פסגת ההר היה התמצית של המסרים שהועברו לנו פה: שכל מה שמתרחש במציאות חיינו הוא השתקפות של תודעתנו והקרנת ה"סרט" הזה החוצה וכך חווים אנו את מציאות חיינו, חושבים שקורית היא לנו, שאנו קורבנות של המציאות, במקום להבין כי אנו הבוראים והיוצרים כל פרט ופרט בסרט הזה של חיינו. ולכן, כאשר אנו רואים בסרט של חיינו משהו שאיננו אוהבים, ביכולתנו לבחור אחרת, להיכנס לחדר העריכה ולשנות את הסרט של חיינו.

את סודות בריאת המציאות המיטבית תרגלתי שוב ושוב בחיי, עם בעלי ועם ילדיי, במיוחד בעת שעברנו ויצרנו לנו חיים חדשים, במדינה חדשה מעבר לים. אבל אני רוצה להדגיש סיפור נוסף של יצירת מציאות שאפשר לקרוא לה "יש מאין", כאשר באמת היה נראה במציאות חיינו שאין, ומתוך האין התעקשתי לדמיין את ה"יש", על אף שלא ידעתי מהו ואיך הוא ייראה ויצרתי שפע גדול.

היה זה בתחילת מגפת הקורונה. לשמחתי הרבה, הייתי כבר אז בלימודי מודעות של כמה חודשים עם מורתי וחברתי האהובה, ו'איט פדר, ועל כך אני חבה לה הודיה גדולה, שכן ללא קבוצת הלימוד הזו והתכנים הללו, הייתה התקופה הזו יכולה לעבור עליי בצורה אחרת

לגמרי ממה שהיה בפועל, כשם שרוב האנושות חוותה את המגפה ואת כל מה שנגרם בעקבותיה.

בחודשים הראשונים, מרגע שהמגפה תקפה בכל כוחותיה, איבדנו שנינו, בן זוגי ואנוכי, את מקור ההכנסה שלנו ובנוסף, בננו שבדיוק סיים קולג׳ שב הביתה ואף הביא עימו את חברתו דאז ואת הכלב שלהם, וכך מצאנו עצמנו אחרי שנה שבה חיינו בבית רק שלוש נפשות (אחרי ששני הגדולים כבר עזבו לקולג׳ וחיו כמה שנים מחוץ לבית), עם בית מלא ובו שש נפשות ושלושה כלבים ובלי כל הכנסה.

בית האגם שלנו, שהיה מושכר רוב הזמן כ־ airbnb והיה מקור הכנסה נוסף, נשאר עומד ריק שכן הרשויות אסרו על השכרה לטווח קצר בחודשים הראשונים למגפה. לשמחתנו מצאנו שוכר לשלושה חודשים שרצה לברוח מהעיר וליהנות מהטבע ומהאגם. זה נתן לנו מעט מרחב לנשום כלכלית ולהתארגן על המשך צעדינו.

בתוך כל הלחץ והמתח הללו, כשכל בני הבית בבית, ללא מסגרות, מאבדים אט אט את שפיותם, אני השקעתי את כל כולי בהתמקדות ביצירת שפע. למרות הכסף שלא היה, עשיתי כל שביכולתי למלא את רוב יומי בלימוד ובתרגול יוגה ומדיטציה תוך כדי התמקדות במילה שהפכה להיות המוטו שלי: שפע = Abundance באנגלית.

כבר ידעתי דבר או שניים על יצירת מציאות, ועל כך שהמילים שלנו יוצרות את מציאות חיינו, ועדיין לא ממש הצלחתי לראות כיצד אנו יוצאים מהמצב הקיים, כשכל מה שנראה בחוץ היה מדכא, חסר סיכוי ואפל, ועוד ועוד ייצוגים של "חסר" נראו מכל כיוון.

אני זוכרת במיוחד מדיטציה אחת שו׳איט פדר העבירה לנו ובה היה איזשהו דיוק חדש עבורי. היה ברור לי שאני רוצה שפע, שפע של מה? שפע של כסף, דא. אבל בשלב מסוים, נשאלה השאלה, מה השפע או הכסף הזה מסמל עבורי. מהחלק המודע שבמוח שלי (האונה השמאלית) לא הייתה לי ממש תשובה, אך במהלך אותה מדיטציה אני זוכרת בבהירות רבה איך ראיתי את עצמי עומדת במקום קסום בטבע, סובבת לי במעין ריקוד, כאשר ידיי פתוחות אל השמיים וכל

כולי בתחושת אושר של חופש עילאי. וכאן היה הגילוי הגדול: השפע, מבחינתי ועבורי, סימן את החופש שאליו אני כמהה, ואת החופש הזה יכולתי לחוש, לדמיין, לראות ולהרגיש.

זאת אומרת, במקרה הספציפי הזה של חוסר גדול פיזי ואמיתי, במציאות של חיינו, היה לי מאוד קשה לראות אותנו משגשגים, מרוויחים כספים, נהנים וחוזרים לחיים שהיו לנו, אבל כאשר יכולתי להוסיף את הדמיון ואת התחושות המרגשות שלי כאשר אני חווה חופש, שהיה המשמעות העמוקה של שפע עבורי, השפע אכן החל לזרום בחזרה אל תוך חיינו.

כעבור שלושה חודשים קשים, העבודה של דוד החלה לחזור לפעילות, אם כי באופן אחר, והוא החל ליצור כיוונים ולהעלות רעיונות חדשים. בסופה של שנת הקורונה הידועה לשמצה, מצאנו דרך להשקיע ולרכוש שני בתים נוספים להשכרה לטווח קצר וזו הייתה ללא ספק אחת השנים המשופעות שלנו!

שער תשיעי:

הבחירה: קושי אתגר ושינוי

״מכיוון שהאדם אינו מוכן להתמודד עם הקושי המועט הכרוך בשינוי דפוסי חשיבתו, הוא נאלץ להתמודד עם קושי גדול פי כמה, הכרוך בחיים המשועבדים להם״

ליקוטי מוהרי״ן תנינא פב (״צליל מכוון״, רבי נחמן מברסלב)

תקשור 2023, ארה"ב – יציאה מעבדות לחירות

בחירת השביל הראשי

אשת אור יקרה, ברוכה השבה יקירה, היכן היית זמן כה רב, נעלמת מעינינו ולא ישבת והתייחדת עמנו. אין אנו שופטים אותך, כי אם מזכירים ומבקשים שתשבי עמנו ותכתבי את דברינו עבור ספרך, עבור הגשמתך, שכן מחוברת את ברוב שעות היום אפילו כשאינך כותבת. למה עברנו לפתע לאנגלית? כי אין משמעות לשפה שאותה שומעת את, לעיתים מכוונת את יותר לשפה האנגלית ולרוב מכוונת את יותר לשפה העברית. השפה היא רק הכלי שאנו עושים בו שימוש אך התדרים שעוברים זהים הם, אלה תדרים של אהבה, של שמחה, של הגשמה, של שפע, של בריאות, של כל היש, של האחד, שלך, שלנו, של כולנו.

אינסוף שבילים

יום זה מיוחד, יקירה, הוא היום שלפני היציאה לחירות. כן, אתם, כאנשים יהודים שנבחרתם ובחרתם להיוולד לדת זו, חוויתם את הכלא, את מצרים, שוב ושוב ושוב בהיסטוריה של חייכם, אך אין זה אומר שעליכם לשחזר את זה אינסוף פעמים. יכולים אתם לעשות בחירה מודעת לצאת מן העבדות אל החירות אחת ולתמיד ולחיות בבחירה חופשית כל יום, כל היום, זה רק תלוי בכם, שום דבר חיצוני אינו מחזיק אתכם במצרים,

בכלא האישי, מלבד התודעה שלכם. ברגע שתבינו זאת, תסכימו לקבל זאת, הנה כבר יצאתם אל החירות שלכם. אל החירות והחופש לבחור בכל רגע ורגע בחירות מיטביות לחייכם, לגופכם, לנשמתכם ולתודעתכם, בחירות שיובילו אתכם חזרה אל השביל, השביל הראשי, השביל המרכזי, ולא אל שבילים צדדיים אפלים, עם בורות שאינם מוארים.

לכל אחד מכם יש אינסוף שבילים כאלו, אך באותה העת יש גם שביל אחד מואר, מדהים, רחב ידיים, שביל המלך כפי שקוראים אותו אתם. חלקכם עולים על השביל הזה מפעם לפעם, נהנים מהקלות, מההרמוניה, מהאהבה, מהזרימה של ההליכה בשביל החיים הזה, ואז, מסיבות כלשהן, שוכחים אתם, נופלים אתם אל השבילים הצדדיים.

אך לא את, יקירה, צועדת את בעשור האחרון כמעט בכל העת בשביל המרכזי של חייך, ופועלת את להביא עוד ועוד נשמות מדהימות בחזרה אל הערות ואל המודעות, אל השביל המרכזי בחייהם, ועל כך תבורכי יקירה. גם אם נפלת, גם אם השביל לא נראה כל כך מואר, זכרי שאת בדרך הנכונה והדרך היא החשובה, כי אין באמת מטרה סופית, יש דרך, יש יעד כללי והוא החיבור המוחלט לאחדות, אך לזה תגיעו רק במותכם. כל עוד אתם פה בגוף החומר שבחרתם, הנכם עובדים כל העת על ההיזכרות שאחד אתם.

חלקכם תגיעו לכך יותר ויותר ותחיו פה בחיים של אחדות בגוף החומר, אך לא יהיה זה כל העת, כל הזמן. אם כך, העבודה היא רבה מצד אחד, אך יכולה להיות קלה ומהנה מצד שני, וכל עוד אתם זוכרים שברוכים ומבורכים אתם, ששביל האור שלכם מונח לפניכם, יודעים אתם בדיוק בכל רגע ורגע מה הצעד הטוב המודע הגבוה ביותר עבורכם.

אם תקשיבו לקולות האלו פנימה בתוככם מבעד לבליל הקולות האחרים שמפציצים את מוחכם, תיהנו בכל רגע ורגע מהדרך ולא תהיו כבולים עוד במצרים, במצרים האישית שלכם, בכלא האישי שאתם

חושבים שכובל אתכם, בין אם הוא משהו פיזי, בין הוא אם מקום העבודה, או זוגיות, או ריב עם ילד, או דיכאון או מחלה פיזית, או מחשבה מגבילה, כל אלה אתם יצרתם אותם.

כן כן יקיריי, יודעים אנו שקשה לשמוע זאת, אך רק אתם במו מחשבתכם יצרתם את כל אלו ועל כן רק אתם, במו תודעתכם הגבוהה, יכולים לפרק תבניות אלו ולצאת אל החופשי. ברוכה את, ברוכים אתם, חופשיים אתם ואהובים אתם לצעוד על דרך המלך בכל צעד ובכל עת, ואנחנו צועדים שם ביחד אתכם!

תקשור 2023, ארה"ב — הסוד שבשינוי, אתגר או קושי

אהובה בת אור יקרה, זמן כה רב נעלמת מעינינו, ואף שפועלת את מתוך חיבור אין את יושבת עמנו במועדים קבועים. נסי בימים הבאים לפתוח כל יום איתנו במדיטציה היומית שלך וראי כמה הדבר ישנה את כל האופן שבו המסרים יורדים ומועברים אלייך יקרה. רובד נוסף ועומק יתווספו ומהירות התדרים והמסרים תרד, כך שתוכלי להשלים את משימת איסוף החומרים עוד בשנה הקרובה.

ועכשיו הסכיתי ושמעי קולנו. נדבר היום על קושי, אתגר ושינוי, כי הרי עומדת את בפני שינוי גדול וחשים אנו שמתלבטת את בתוכך האם מדויק הוא ועל מה ולמה לעזוב את המשכן המדהים שבנית לך. אז כן, התשובה היא שהשינוי הזה יהיה לטובה. יהיה זה שינוי שכן יוצרת את משכן חדש, אך משכנך זה יהיה קסום ותשהי עוד ועוד בטבע, תתחברי למים, לעצים, לצומח, לאישך. קפיצת ראש מדהימה מצפה לך כאשר תתחברי לחברינו ולמאסטרים בהר שאסטה, קליפורניה, ביולי 2024, ואנו כבר נרגשים עבורך ממעל ומכינים אותך ואת הכלי שלך.

הערת המחברת:
ביולי 2024 אכן נסעתי עם קבוצה רוחנית מטלוס למוריה ישראל, בהנהגתן של אחיות הנשמה שלי, איילת סגל ונורית טבנקין, להר השאסטה בקליפורניה, וחוויתי שם חוויות רוחניות עמוקות במדיטציות בטבע, וחיבורים עמוקים עם נשים חדשות שהפכו לחברות קרובות. אך השינוי הגדול והאתגר שהתקשור התייחס אליו היה עזיבת הבית המדהים שלנו, שגרנו בו ב־10 השנים האחרונות, לטובת בית האגם שלנו שמרוחק 40 דקות מכל מה שהכרנו – החברים, הלקוחות שלי, בית הספר של בן. המעבר, במאי 2024, היה מאתגר וקשה עבורי, שכן ביחד עם הריחוק הפיזי, היה ברור כי הלקוחות שהיו לי בסטודיו למודעות וליוגה לא יגיעו לסטודיו החדש והמרוחק. בחודשים הראשונים למעבר חוויתי בדידות גדולה, תחושת לבדות וניתוק, ובמוחי עברו אינספור מחשבות ששאלו מדוע היינו צריכים את המעבר הזה ולמה לעזוב משהו כל כך טוב ומוכר. אט אט, הבית המקסים על שפת האגם, העטוף בטבע אינסופי והקרוב למקום שבו מתגוררים בני הבכור ואשתו, הפך לבית חם ואהוב, שבו אנו מארחים חברים ומשפחה. הבית הזה גם נתן לי את השקט והזמן שהייתי זקוקה להם כדי להתחיל לעבוד על הספר הזה ולהוציאו מהמגירה שבה שכב בשקט ובהמתנה שנים רבות.

אז מהו אותו קושי או אתגר שנתקלים אתם בו בחייכם?
ואין זה משנה יקירה אם מדובר במחלה, בגירושין, באיבוד מקום עבודה, בבגידה, באיבוד אדם יקר. כל אחד מהאירועים הללו שהזכרנו כאן, שרואים וחווים אתם כדרמה קשה, כאובדן, **מטרתם הפשוטה להזיז אתכם ממקומכם.**

מה?
שואלת את.

כיצד יתכן הדבר?

מייד נסביר ונפרט, כפי שהזכרנו לכם בשיעור הקודם לקראת חג הפסח שלכם, והיציאה מעבדות לחירות, ציינו שיש שביל אחד מרכזי לחייכם ועוד הרבה שבילים צדדים במסע הנשמה שלכם. כמובן שאלו שבילים מטאפוריים, יותר מדויק יהיה לקרוא להם מפות ודרכי נשמה.

בכל רגע נתון ובכל בחירה, מעצבים אתם את המפה ודרך הנשמה שלכם. טרם הגעתם להתגשמות בגוף בכדור הארץ, בחרתם מבעוד מועד לעבור התנסויות שונות כאן, ויישנם אופנים רבים לעבור דרך התנסויות אלו. כאשר נתקלים אתם בקושי רב, בטראומה, באובדן, הנשמה הגבוהה שלכם באה להזכיר לכם כי דרוש דיוק למפת הנשמה וכי סטיתם מהמסלול וכל מה שזה צריך להזכיר לכם ולגרום לכם לעשות הוא שינוי מסלול.

כשם שהקפטן האמון על השטת היאכטה ליעדה יעדכן מדי פעם את כיוון החרטום על מנת להגיע ליעד, ולא יסמוך רק על היעד המקורי שבחר וסימן ב־GPS, כך גם אתם, מפעם לפעם נדרשים לקחת את תכנון המסלול לידכים ולעדכן מסלול באופן ידני. להבין כי את הקושי אתם יצרתם, כי אילולא הוא, הייתם נשארים במסלול המסוים ואין הוא דרך המלך שלכם.

קחי לדוגמה את בתך המדהימה. הייתה צריכה לעדכן את מסלול חייה ולשחרר עצמה ממערכת יחסים שלא הלמה את רצונה הגבוה. כאשר לא עשתה זאת מעצמה, כשהגיעה ההזדמנות הראשונה, הגיעה "הפצצה הבריאותית" שטרפה את כל הקלפים וכבר לא יכלה שלא להקשיב לקולה הפנימי ולנשמתה, והצעד ושינוי המסלול נעשו.

הערת המחברת:

בתי נכנסה לניתוח חירום של אפנדציט בעקבות כאבי בטן קשים שנמשכו יומיים. הניתוח עבר בהצלחה ובקלילות וכעבור שלושה ימים מהניתוח נפגשנו לחגוג עימה ועם החבר שלה את יום הולדתה ה־21. בדרך למסעדה החלו לריב, וכאשר אמר לה בן הזוג שהוא חושב

שהיא אינה מחוייבת מספיק למערכת היחסים ביניהם, אמרה היא את המשפט שיצא ממעמקי בטנה, תרתי משמע: My gut says it's a no ובכך סיימה את מערכת היחסים עימו לאחר שנתיים וחצי.

כאשר חווים אתם מחלה, אשר מחייבת את תשומת ליבכם, מחויבים אתם לעצור את מהלך חייכם הרגיל, להתבונן, לבחון, מה נכון, מה מדויק, מה סדר העדיפויות ומה לא. זה בדיוק עדכון המסלול, ואז אם מתמסרים אתם לתהליך, ככל הנראה הקושי יחלוף, והמחלה תיעלם או תירפא.

במקום עבודה הדבר דומה, אולי דרמטי פחות, אם כי חלקכם בעידן הזה מזדהים עם מקום העבודה והוא כל כך מחובר למי שאתם, עד שהאדם המאבד את עבודתו חווה זאת בצורה קשה מאוד. אולם, הדבר קורה כי מסיבות שונות, שרק אותה נשמה יודעת בתוך עצמה, זהו אינו מקום העבודה המיטבי.

כך גם אצלך יקירה, כאשר עסקת נדל"ן הולכת בקלות, יודעת את כי על דרך המלך את, וכשהכול מתנהל בקושי ובהתנגדות, אולי אין זו הדרך המדויקת, המתאימה והגבוהה ביותר .

ועכשיו נסביר זאת במילים אחרות: כאשר חווים אתם קושי ואינכם מקשיבים לבקשה לשינוי ולעדכון, המשמעות העמוקה יותר היא שהינכם מתנגדים למה שיש, לרגע הזה, וכשזה קורה או אז חווים אתם סבל. ללא ההתנגדות, תוכלו לדלג ולעדכן, לשנות ולזרום מבלי לעבור דרך סבל או כאב רבים כל כך – האם מבינה את את השיעור?

הכאב והסבל הם ההתנגדות שלכם לצורך בשינוי.

כה פשוט, ואם כי כל כך קשה לכם להבין ולקבל, מדוע כך הדבר?

לעיתים ייתכן כי הקושי עונה על צורך כלשהו בתוככם וכפי שיודעת את, אם תבררי מהו הצורך ותעלי אותו על פני השטח, יתפוגג הוא כלעומת שבא וכך גם הקושי יתפוגג גם הוא.

אם כך, מי שחייו קלים יותר וזורמים יותר, הוא זה המשכיל לשנות ולהשתנות, לזרום, לעדכן ולנוע קדימה כל העת, כי הרי אין דבר קבוע, הכול נע ומתקדם וזורם, וכאשר אתם נתקעים יותר מדי במקום מסוים, בזוגיות מסוימת, במקום עבודה, בבית, ומגיע הצורך לנוע, פשוט הסכימו, זרמו והתקדמו והיו פתוחים לשלב הבא של ההתפתחות שלכם.

היי ברוכה אהובה יפת אור, פיית אהבה, ברוכה ונפלאה את על כל עבודת האור שאת עושה סביבך ובתוכך. גאים אנו, תומכים בך ובפועלך כל העת ותמיד פה לעזרתך. שדולת האור.

בחירה או החרבה

ברוכה אהובה יקרה, אשת אור נפלאה, דמעות של התרגשות בעינייך שכן חווית במדיטציה זו שעשתה מורתך האהובה, הלא היא ו'איט פדר, חיבור עם התמצית המקורית של הבריאה, שהיא אנחנו, האור האלוהי, המקור, ההיזכרות של מי ומה שאת ומי ומה שבאת לעשות כאן, והרי זהו כל הסיפור.

אז מדוע אתם בני האנוש כל כך מסבכים את חייכם ומקשים על עצמכם, ואינכם פשוט מתמסרים אל היש הקיים בעולמכם, מדוע?
כי ככה תוכנתתם, כן זה נכון, אילולא הייתם שוכחים את מהותכם האלוהית, הרי שלא היה פה משום התנסות בעולם ארץ, והייתם נשארים לגמרי באור הגדול הגנוז, בלי הפרדה, בלי ריחות, בלי טעמים, בלי אהבות, בלי אכזבות, בלי שום התנסות שקיימת בעולם הנוכחי שלכם.

אם כן על מה רוצה את שנדבר היום?
על הבחירה שבידיכם?
בכל רגע ורגע בספר זה שכותבת את כששומעת ומקבלת את מסרינו, התמקדנו בידיעת הכול ולא בעניינים אישיים, אולם צו השעה אכן מבקש

משהו נוסף, התפתחות מואצת נכונה לכם, לאנושות כולה, ומי שיהיה מוכן הוא יחווה זאת, וחלק גדול מן האנושות יבחר לא להתעלות כשם שעשה בשנתיים של התחלואה שהבאתם על עצמכם.

נשמות רבות בחרו לעזוב את גופן בזמנים אלו ולסייע לאנושות כולה בתהליך ההתעלות, מבלי לקחת חלק נוכח בו בגוף אנוש. לעומתם, נשמות רבות, כנשמתך וכנשמת הסובבות אותך בקבוצות הלימוד, בחרתן להנהיג, להוביל ולהיות חוד החנית של ההתעלות. על כן עוסקת את כבר שנים בהכנת הגופים, בתרגול, בהתעלות בגוף החומר ובבוא היום, אותו היום שבו מסה קריטית מספיקה תהיה מוכנה, תתעלו כולכם עם גופכם לממד גבוה יותר.

גם עכשיו, חווה את לעיתים קפיצות ודילוגים לעבר ממדים גבוהים, אך המטרה היא לייצב את הגופים שלכם בממד הגבוה. ואכן, חלק מהנשמות שבחרתם לבוא איתן לחיים אלו, לא יהיו באותו מקום, אך ימשיכו להתנהל לצידכם בממד נמוך יותר, ולחלקן תהיה האפשרות להצטרף למסע שלכן. תמיד נתונה הבחירה לנשמתכם באשר לצעד הבא שלה, בכל רגע ורגע. זכרו זאת אהובים, שכן הדבר היחיד הוודאי הוא שבידכם זכות בחירה אלוהית, בכל רגע באשר לאיך בוחרים אתם לחשוב, לדבר ולנהוג.

בחירה מהי?

בואי נדבר על כך מעט יותר בהרחבה.

השורש ב.ח.ר, אותן אותיות משמשות את המילה ח.ר.ב – זאת אומרת שיכולים אתם לבחור או להחריב, לחבר או להחריב. לא סתם קיימים בהינדואיזם גילויים שונים של האלוהות, היוצר והמחריב, רק שפה אומרים אנו לכם כי אתם הגילויים השונים של האלוהות, ואת זה אין אנחנו עושים עבורכם – מחריבים לכם, מחברים אתכם, בוחרים עבורכם.

אתם המרחיבים, המחריבים, הבוחרים והמחברים. רק אתם.
נשמי זאת אהובה.
ואם מבקשת את התייחסות לאירועים שקורים בארץ מולדתך, הלא היא ישראל, במו ידיכם חירבתם. כן נבחר ייצוג חיצוני נוראי לעשות את המלאכה עבורכם, אותם מפלצות, אך הדבר קרה ראשית בתודעתכם ואז רק בעקבות החורבן הגדול, בחרתם – כן, אתם בחרתם – לחבר לבבות, לחבר ולהתחבר לשם מתן עזרה, מתן כתף, תמיכה בכל אופן ודרך אפשריים לאחיכם הכואבים.

רואים איך אותו עיקרון פועל?
הבחירה תמיד בידכם, האם להחריב או האם לחבר?
בדיוק כפי שקיבלת בחלומך את עיקרון ההתרחבות וההתכווצות, מקבילים הם.

מה מרחיב את ליבך?
חיבור, חיבור ללב, חיבור לאנשים אחרים, חיבור לאדמה, חיבור לנתינה.

מה מכווץ אותך?
התרחקות מעצמך, פגיעה, חוסר הקשבה, שנאה, קנאה, הקטנה – החרבה של האחר.

ועכשיו שהידע קיים, במה תבחרי?
בחיבור, שוב ושוב ושוב עליכם לחבור יחדיו על מנת לחבר את הלבבות, לחבר את המיינד אל הלב, לחבור אל המהות הנשמתית שלכם, לחבור אל מהותכם האלוהית שבידיה כל הכוחות ליצור, או לחרב. אין פה שכר ועונש, אין פה משחק או שליטה, יש פה בחירה מלאה של כל נשמה ונשמה שהגיעה לכאן כיצד לפעול, במה לדבוק ובמה לבחור בכל רגע ורגע.

אקטיבציה

עצמי עינייך והתרכזי במרכז העין השלישית במצחך ואמרי את השורות הבאות:

אני בוחרת בחיבור לאלוהי שבתוכי
אני בוחרת באהבה האלוהית שהיא אני
הנני אשר הנני
תודה, זה נעשה זה נעשה זה נעשה.

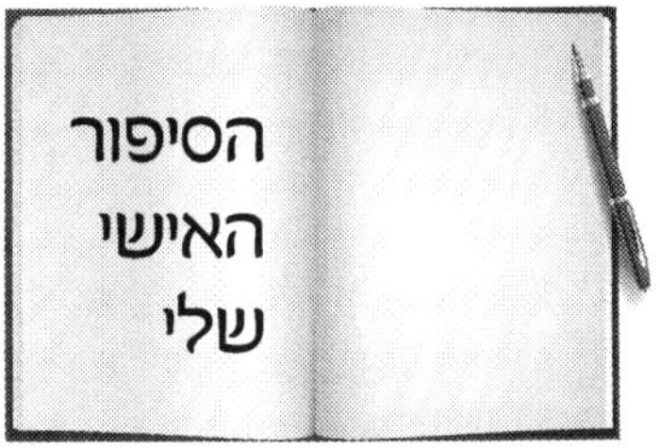

התנגדות לרגע הזה

במה את בוחרת? כיווץ ומיגרנה?

כיצור אנושי בעל אונה שמאלית מאוד דומיננטית, סבלתי במשך רוב חיי מכאבי ראש וממיגרנות. המצחיק הוא, שרק במקרה, ורק בגיל 30, הבנתי יום אחד שהם קשורים למערכת ההורמונלית ולמחזור החודשי.

עבדתי אז כמו משוגעת, כ־60 שעות בשבוע, במחלקת שיווק של חברת היי־טק. אחת לחודש, באופן קבוע, הייתה אחת הנשים בצוות שלנו נעלמת. יום אחד שאלתי את הבוס שלי איפה ג׳סיקה, ובנון שלאנט הוא ענה לי שהיא במחזור ולכן אינה מגיעה לעבודה. פתאום, הבנה של שלושים שנה ירדה אליי, רק שאצלי כאבי הראש היו תמיד באזור הביוץ ולכן היה לי קשה יותר לשייך אותם למחזור החודשי, ובטח ובטח כשהיה זה בשנים שבהם הייתי עדיין בניתוק גמור מהגוף שלי ומעצמי.

במשך שנים סבלתי מכאבי ראש שהיו הופכים בקלות למיגרנות. בשנים שלפני ההתעוררות שלי, הייתי לוקחת תרופות, אך אלו כמעט לא היו עוזרות ממילא. כאשר התחלתי את הצעידה בדרך הרוחנית, התנקיתי מתרופות, וגם התכיפות של כאבי הראש והמיגרנות פחתה,

אך עדיין היו מנת חלקי פה ושם ולפעמים היה נדמה שזה ממש רנדומלי. הם היו מגיעים פתאום, Out of nowhere.

עד שיום אחד בהיר, לפני שלוש שנים, נכחתי בסופ"ש ייחודי שעורכת אחת לתקופה מורתי ו'איט פדר, המוקדש לריפוי ותדרים בבריכת מים טבעית אי שם, בדרום הארץ. באחד הסשנים במהלך הסדנה, שהיה מאוד משמעותי, לפתע פתאום הייתה לי "הארה". המסר היה ברור ונאמר לי בתוכי: בכל פעם שאני מתנגדת למציאות, המיגרנה מתחילה. "שחררי את ההתנגדות, והמיגרנה תיעלם". כך שמעתי ב"אוזנייה" הפנימית. כמובן שלא ממש ידעתי מה לעשות עם המידע המטורף הזה ושמרתי אותו רק לעצמי.

באותו זמן, היינו בביקור בארץ, לחגוג לבן בר מצווה באיחור של שנתיים, בגלל הקורונה. הביקור כולו היה רווי מתחים סביב המגפה והדרך שבה נחוותה בארץ (אצלנו בג'ורג'יה החיים המשיכו די כרגיל אחרי חודש של סגרים קלים). מתח נוסף היה כרוך בהימצאות של כל המשפחה ביחד תחת קורת גג אחת, ביניהם הוריי הגרושים עם בני זוגם, מה שתמיד גרם לי למתח רב ולאי נוחות. אני ממש זוכרת איך בבוקר האירוע התחלתי להרגיש את כאב הראש, או יותר נכון את צינורות הדם ממש הולכים מתהדקים ומתכווצים במוחי, בשל המתח והלחץ שלפני האירוע. אבל הפעם הייתה לי ידיעה שאני היא היוצרת של הדבר. ואם אני היוצרת, הרי שרק אני יכולה לשנות ולבחור אחרת.

ואכן כך עשיתי, וכך אני עושה מאז ועד היום. כבר חלפו להן שלוש שנים ואני יכולה להגיד בכנות ובשמחה, שאיני סובלת עוד מכאבי ראש כלל וכלל. בכל עת שאני רק מתחילה להרגיש את הכיווץ הכי קטן בראשי, מייד אני נזכרת ואומרת לעצמי שאני מתנגדת למצב הנוכחי. אז אני מתבוננת, ומנסה להבין למה ולמה אני מתנגדת? אני נושמת, מרגיעה את עצמי ומבקשת להיות נוכחת ברגע ולקבל את כל מה שהוא מביא איתו ו... "פוף" – אין כיווץ, אין כאב ראש ובטח שאין מיגרנות.

ככה פשוט? כן בדיוק כך!

עצירה מוחלטת

בדצמבר 2013, כשהייתי בשיא העשייה שלי בסטודיו למודעות וליוגה שניהלתי באבן יהודה, החלטנו בן זוגי ואני לנסוע לעשרה ימים לחופשת חורף חלומית באיטליה. נחתנו בוונציה בסילבסטר, משם שכרנו רכב ונסענו לאלפים האיטלקיים המהממים. מזג האוויר לא היה משהו בלשון המעטה ועל כן היינו מאוד זהירים בגלישה, במיוחד אני, אחרי שלא עשיתי סקי כמה שנים טובות. בבקרים שבהם הייתה ראות לא טובה, נשבו רוחות חזקות או התפתחה סערה, בחרתי לא לצאת לגלוש וישבתי בבית הקפה בפסגת ההר, מחכה שמזג האוויר ישתפר. ובאמת, הכול עבר בהנאה וברוגע.

ביום האחרון לחופשה, השמש הפציעה בכל הדרה על ההר. זו הייתה השעה האחרונה של הסקי שלנו, לפני החזרת הציוד. באותו ערב, הזמנו מקום במסעדת מישלן באזור, לסיום סיומי של חופשה חלומית. אני זוכרת בבהירות איך ירדנו ממעלית הסקי בראש ההר, ועצרנו לחבר את המגלשיים, כאשר לא רחוק מאיתנו, עמדה אישה לצד שני גברים ולפתע פשוט מעדה. תוך דקות אחדות הגיעו אנשי הצלה לטפל בה ותוך כדי צפייה בסיטואציה ההזויה, אמרתי לעצמי: "איך אפשר פשוט לעמוד ולא לעשות כלום וככה להיפצע?"

בן זוגי ואני התחלנו לגלוש מטה, במה שהיה שביל רחב ביותר, עם שלג איכותי ורך, בירידה מתונה ביותר, ממש לקראת ההגעה להחזרת הציוד. שנייה של חוסר תשומת לב, שבה כנראה "ריחפתי" לי, והנה קיבלתי תשובה לשאלה שלי: המגלשיים שלי פשוט הצטלבו זה על זה, שמעתי צליל ריסוק בתוכי, כאב חד פילח את ברכי וקרסתי על האדמה הקפואה. המגלש לא התנתק כפי שהיה צריך, אז הברך שלי הייתה זו שעשתה את הניתוק. בן זוגי, שהיה כמה מטרים לפניי, התבונן אחורה בפליאה, ראה אותי שוכבת על השלג הלבן בלי תזוזה ומייד צעד לכיווני כשהוא בשוק ואני עוד יותר בשוק.

כדי לקצר את הסיפור, ולהגיע למהות של הפציעה הקשה הזו שקרתה מכלום, ושעצרה אותי תרתי משמע – ריסקתי את ה"טיביה פלאטו". הדבר הראשון שעשיתי תוך כדי הכאב הנורא היה להיכנס למדיטציה עמוקה ולהשתמש בנשימה ובכוח התודעה שלי, לבקש ולשלוח ריפוי לברך שלי ולקוות שהנזק פעוט. כשבן זוגי הגיע אליי הוא חשב שאיבדתי את ההכרה, כי הייתי מכונסת בתוך עצמי, בשקט, למרות הכאב העז.

ההמשך צפוי: שני אנשי פינוי על מגלשיים נושאים אותי באלונקה היישר אל אמבולנס חירום, שבו נעשה ניסיון ראשית לחלץ את רגלי מנעל הסקי – אחד הדברים הכואבים ביותר שעברתי בחיי. התחושה הייתה שהשוק התנתקה לי מהירך. מה שעזר לי כל העת לא לצרוח מכאב היה ההתרכזות העמוקה בנשימה ובדמיון המודרך שעשיתי לעצמי, שבו מילאתי את עצמי באור שמגיע ממעל, הולך ישירות על הברך שלי וממלא אותה.

חושבים שוויתרנו על הנסיעה למסעדת המישלן? לא ולא! עדיין לא הבנתי אז את המסר החזק שקיבלתי מהבריאה – עצירה מוחלטת! נסענו כשעה וחצי בדרך לא דרך, במזג אוויר סוער וחורפי, תוך שאני שוכבת במושב האחורי מתפתלת מכאבים מכל תזוזה הכי קטנה, עד שהגענו למחסום במעבר בין ההרים שהיה סגור בגלל השלגים הכבדים. כך מצאנו עצמנו חוזרים כל הדרך למלון מאוכזבים ומרוטי עצבים.

למחרת בבוקר עלינו על הטיסה חזרה לארץ, שהייתה סיוט בפני עצמו. רק כשהגענו החלה הדרך הארוכה לריפוי, שכללה מפגש עם שני מנתחי ספורט מובילים, בדיקות, צילומים, התלבטויות והחלטה שקיבלתי, שאני לא עושה ניתוח ופועלת עם כל הכלים שבידיי לריפוי של עצמי. ואכן כך היה.

במשך שישה שבועות לא דרכתי על הרגל, השתמשתי בקביים, לא יכולתי לנהוג שכן הייתה זו רגל ימין, והייתי לגמרי תלויה בעזרתם של בני הבית. אבל, יום אחרי הגיעי לארץ, כדרכה של בעלת עסק

עצמאי שהמדינה אינה מכירה בחופשת מחלה שלה, כבר לימדתי יוגה, בישיבה ותוך שימוש במילים בלבד.

כך העברתי עשרה שיעורים בכל שבוע, בישיבה ובכוח הדיבור ובכוחן של המילים. במקביל עשיתי כל שביכולתי למען ריפוי הברך שלי: פיזיותרפיה, אוסטיאופתיה, יוגה תרפיה, עיסוי, מדיטציה ודמיון מודרך. זה לא היה קל, לא פשוט ואף לא מהיר. אחרי חודשיים אט אט שבתי ללכת בצליעה קשה, וחזרתי לתרגל יוגה, תוך שימוש בהרבה אבזרים ובהקשבה לגוף, והייתי בטיפול מסור של כמה נשמות מדהימות, שהיו סביבי ונתנו לי מהידע שלהן ומהידיים המרפאות שלהן. רק שנתיים אחרי כן, באמת שבתי לעצמי מהעצירה החדה הזו.

בהתחלה, עדיין לא הבנתי דבר. לא יכולתי להבין מדוע היקום עצר אותי כך, בכזו ברוטליות, כך ראיתי זאת באותם ימים. אבל התשובה המדויקת לא איחרה לבוא. סבתי האהובה, חנה, הייתה בימיה האחרונים ואני זכיתי להיות ולבלות איתה זמן איכות, זמן כזה שלא היה שני לו, ושבו לא הרגשתי שאני מפסידה משהו אחר, הרי לא יכולתי לעשות כמעט שום דבר, לא ללכת לשום מקום, כל שכן לנהוג!

כבר יודעים אתם על הקשר ההדוק שהיה בינינו, אך בימים רגילים ועמוסים של ריצה אינסופית בגלגל האוגרים, בין התקדמות והתפתחות רוחנית, לשיעורים שלימדתי ולסטודיו שניהלתי, לבין הבית והילדים, היינו מדברות בטלפון, אך נפגשות ביחד עם כל המשפחה רק בשישי בערב. וכך, בעקבות העצירה המוחלטת שלי, בילינו לנו זמן איכות שכזה, תוך כדי שהיא דועכת מול עינינו ועד היום העצוב שבו ישבה על הספה בביתם בנתניה, מול הים התיכון, ועצמה עיניה בפעם האחרונה.

אז כדי לסכם, אני יכולה לומר שלפציעה הזו, שקרתה כמעט מכלום, יש שלושה מסרים חשובים: הראשון, לשים לב ולבחור היטב את השאלות שאני מפנה ליקום, שכן התשובות ממהרות להגיע ולא תמיד בדרך שבה ציפיתי. השני, שהפציעה הזו הזכירה לי את העוצמות האינסופיות של הריפוי שבתוכי, את היכולות הפנימיות

שלי ואת כוחה המדהים של הנשימה שעליו כבר דיברנו בהרחבה בפרקים הקודמים.

ולסיום, וזהו אולי המסר העוצמתי והחשוב ביותר: כל קושי, כל אתגר, משבר, או חוויה קשה כזו או אחרת, בין אם פיזי, מנטלי או רגשי, הוא תמיד, אבל תמיד, גם הזדמנות לעצירה ולבחינה מחודשת של הדרך, של הכיוון, הזדמנות לדייק, לשנות ולעלות חזרה על דרך המלך, המתאימה ביותר עבורנו באותו הזמן.

שער עשירי:

הודיה

"כאשר האדם מודה לבורא על העבר וההווה, אזי הוא מוצא את הכוח והאמונה להתפלל על העתיד"

ליקוטי הליכות כלאי בהמה ד, ו

("צליל מכוון", רבי נחמן מברסלב, עצות וסיפורים)

תקשור 2022, ארה"ב – ההודיה
היא כלי להבאת כל דבר שאתם חפצים בו

אם הגענו לשלב הזה, בואי נדון בהודיה כי היא אחד השיעורים החשובים ביותר בספר זה. תורות רבות ועמים רבים ודתות דיברו ושקדו על אמירת התודה. אך רק לומר אותה, זו חצי העבודה. במילה הודיה, טמונים בה ההוד וכמובן שמנו, השם יהוה, וגם המילה "דיה" ואכן הודיה היא הכול, היא התודה, היא התודעה.

ההודיה היא כלי להבאת כל דבר שאתם חפצים בו. מדוע?

משום שכשמתרגלים אתם הודיה, רוטטים אתם או במילים אחרות שולחים תדר של "יש" החוצה מכם אל הבריאה, אל היקום, אל האלוהות. כשתדר זה מגיע, הוא בכל פעם מחדש ימשוך את אותו תדר חזרה אליכם, זה מה שקוראים אתם בשפתכם "דומה מושך דומה." היו שקראו לכך חוק ה־Resonance, חוק המשיכה, כמו בספר "הסוד", שהיה אחת מקפיצות המדרגה שתודעתך עשתה על מנת להתעורר.

כאשר את, או כל ברייה אחרת, אומרים וחווים הודיה עמוקה על דבר פעוט או גדול כלשהו, שולחים אתם את המסר שיש לכם את הדבר הזה: התדר נשלח והתדר הזה חוזר אליכם. כמובן שזה קל מאוד כאשר מודים אתם על משהו שנמצא כבר בידיכם, בגופכם או בחייכם. אבל, דעו שאותה מכניקה, אותו אפקט, מתקיימים גם כאשר רק מדמיינים אתם שהדבר כבר קיים, כבר קורה. אפילו אם במציאות של חייכם הדבר ההפוך קיים. והרי מהי המציאות, אם לא ערבוב ענק של תדרים שמשכתם בעבר?

אז מדוע כל כך קשה לכם לתפוס שכל מה שאין לכם כעת, זה כי

אתם שבחרתם את האין הזה או שנתתם לבחירות בלתי מודעות למלא את תודעתכם וכל שעליכם לעשות הוא היפוך המחשבה: לעצום עיניים ולדמיין את עצמכם בדיוק ביש שתרצו, להרגיש אותו, לחוש אותו ואז להודות עליו מכל לבכם ונשמתכם, לפקוח עיניכם ולהמשיך ביומכם. זה הכול, כה פשוט וכה משנה חיים.

בואו נדגים זאת בכמה אופנים:
בריאות – אשה החווה סרטן השד, אפילו אם הבריאה, אך ממשיכה לחשוש מחזרת הסרטן, הרי שבחששותיה אלו היא בדיוק משדרת את ההפך ממה שכל כך הייתה רוצה.

דוגמה לתרגול הודיה לבריאות מיטבית (סרטן השד)

> עצרי הכול, עצמי עיניים, דמייני את עצמך לפני שנים, בטרם האפשרות של המחלה הייתה שם, ראי עצמך, איך את מרגישה, מה את לובשת, איך החזה שלך נראה, מה את עושה כשאת שם בבריאות האופטימלית, מה את מרגישה, חושי, היי ואז הודי על כך בתוכך, מכל ליבך וחזרי ליומך.

באיזו תדירות לתרגל?
אם משהו קריטי קורה כעת בחייך, תרגלי זאת בוקר וערב, כשאת פותחת עיניים בבוקר ולפני שעוצמת את עינייך בערב, יום אחר יום, ואל תתני לאשליה של המציאות החיצונית, מה שקוראים אתם לו העולם הפיזי, לפקפק או להוריד מהעוצמה של התרגיל הזה, שכן הוא מביא לך את הריפוי ואת התוצאה הרצויה.

דוגמה לתרגול הודיה בנושא שפע חומרי כזה או אחר

עכשיו בואי נדבר על שפע, או על בית עבורך. כן, עצמי עינייך ודמייני את הבית הזה שרוצה את שיהיה שלך, כיצד ייראה, ואז ראי אותך בתוכו, מה את עושה? מה את לובשת? מה את חשה כשאת נמצאת בו? בארצך מולדתך, בביתך שלך? היי עם הרטטים הללו, עם ההתרגשות, עם השמחה והודי עליה.

דוגמה לתרגול הודיה למציאת זוגיות

ודוגמה אחרונה לחברתך, על זוגיות שכעת אינה זמינה. כמה קשה לכן לראות את עצמכן בזוגיות מופלאה כשהיא עדיין אינה קיימת, אך אם לא תשתלו את הזרע לכך, כיצד תרצו שבן הזוג המתאים ביותר יגיע אל פתח דלתכן?

אינכן חייבות לראות פרצוף או תווי פנים, ראו אתכן שוכבות במיטתכן ולצדכן ישן בן הזוג וידו חובקת אתכן, איך אתן מרגישות? כמה ביטחון וחום זה נוסך בכן? או בחרו משהו אחר שהייתן רוצות ומשקף עבורכן זוגיות. את זה תדמיינו ותרגישו, או כל תמונה אחרת שבוחרות אתן לדמיין של "ביחדנס", שבו חולקים אתם רגעים של אושר, של שמחה, של תשוקה, של הנאה. היו שם, הרגישו, חוו, תנו לליבכם להיפתח והודו על כך.

המשיכו לתרגל זאת והיו פתוחות לסימנים שיגיעו מהיקום, חבר שמכיר חבר, או ערוץ כזה או אחר שיפגיש ויביא אל חייכן את אותו בן הזוג הרצוי.
זהו, מספיק להיום אהובה, תרגלי הודיה על הקיים, הודיה על הרצוי,

הודיה על היש, והודיה על זה שעוד לא נראה בעינים הפיזיות, הכול קיים, הכול פתוח ומצוי עבורך יקירה. היי ברוכה.

תקשור 2023, ארה"ב – חג ההודייה

אהובה יקרה, אור ואהבה שלוחים לך ולבריאה כולה ביום זה שבו כה רבים מכם ביבשת אמריקה מכוונים כלפי הטוב, כלפי ההודיה. אך מדוע רק יום אחד בשנה? מדוע לא להפוך את ההודיה למהות של נשמתכם, של פועלכם בעולם זה, שכן רק על הנעשה ועל ההודיה עליו מגבירים אתם את יכולת הבריאה האלוהית שניתנה לכם וקודדה בתוככם טרם הגיעכם לכדור ארץ זה.

בוא נסביר מייד מדוע הדבר כך ומדוע כאשר מודים אתם, לא סתם במילים, אלא בתחושות וברגשות ומתוך עומק לבבכם, מקבלים אתם את מבוקשכם ולא סתם כאשר מבקשים אתם. כל זאת משום שבתדרים עסקינן ולא במילים או במחשבות אפילו לא בתמונות, תדר הוא החזק מהכל והקובע מה יגיע לכיוונכם, מה יתממש בעולמכם, מה תראינה עיניכם. הכול תלוי בתדר ששולחים אתם החוצה, ואם תשלחו תדר של הודיה כל העת, כל הזמן יגבר ה"יש" בעולמכם.

הקשיבי למילים יקירה בשירו של לאונרד כהן, **In my secret life** – הפכי את חייך הפנימיים לחיצוניים, אחדי אותם שכן אין עוד צורך בנסתר, הכול גלוי, במהרה הכול יתגלה וייראה, כל העוולות של העולם שיצרתם במו ידיכם, אך עוולה ומתנה בתוכה, כי רק אתם יכולים לתקן, או שמא לוותר על הכול ולבנות משהו חדש, שאינו מבוסס על מה שהעיניים רואות והאוזניים שומעות, אלא על האמת הפנימית המוחלטת הנמצאת בתוך לב ליבו של כל יצור אנוש בעולם כעת.

רובכם שכחתם ואינכם שומעים מבעד לבליל הרעשים החיצוניים. הקשיבי כל העת לקולנו בתוכך, שכן מכוונים אנו את מעשייך ואת צעדייך

אל השביל הגבוה, הנעלה, הקסום, המיטיב עימך ועם הבוראים כולם, כל העת, לוחשים אנו אל ליבך.

לא, אינכם עבדים, אינכם נמשלים, אתם המלכים, אתם האלוהים, אתם היוצרים, אתם ההורסים, אתם הבונים, אתם ולא אנחנו כמו שלימדו אתכם בכזב ובהפחדה. העונש אינו קיים, הגיהנום הוא במחשבתכם בלבד, בדיוק כפי שגן העדן קיים כאן כל העת, קיים בתודעתכם, הוא אפשרות הקיימת כל העת, ורק צריכים אתם להיזכר ולבחור.

רשות הבחירה, כפי שציינו בשיעור הקודם, ניתנה לכם ברואים אהובים, כדי שתעשו בה שימוש ולא כדי שתתנו אותה לאנוש אחר שייבחר עליכם, שיבחר עבורכם, שיחריב את ששייך לכם. לא כך הדבר, הפוך הוא: אחווה, אהבה, שמחה, נתינה, שפע, בריאות – אלו הערכים שעליהם ועל פיהם אמורים לחיות אתם בכל מקום, בכל זמן, בכל עת ובכל עידן.

Come healing הוא שיר נוסף שכתב אדם יקר זה, אשר חווה את האור לקראת ימיו האחרונים. כל הריפוי פתוח ונכון לכם, רק האמינו בו, האמינו בכם, האמינו בגופכם – מרכבת האור המדהימה שאין לכם מושג אפילו מה כוחותיה ויכולותיה.

שוב ושוב משחררים אתם את האחריות על חייכם, על גופכם ומעניקים אותה למישהו אחר ומשום מה? משום שכך אמרו לכם? התעוררו מהתרדמה, התעוררו משטיפת המוח שנמשכת עידנים, התעוררו לגדולתכם כ"אנושים" בוראים־יוצרים. אם יכולים אתם למשוך למציאות חייכם חניה לרכבכם גם כשהחניון כולו מלא, כשיכולים אתם לחוות חופשה מדהימה ונפלאה עם אהוביכם שתכננתם הרבה זמן מראש, מדוע אינכם יכולים לדמיין את עצמכם חווים בריאות מדהימה ומושכים אותה לחייכם?

כה פשוט הוא הדבר, רק הודו, הודו לגופכם, הודו לכל איבר, הודו לתאי הדם, הודו ללב הפועם, הודו לחמצן הנקי שנושמים אתם בכל רגע ורגע, הודו לריאות המדהימות שאפילו בלי התערבותכם עושות את העבודה עבורכם. הודו לרגליים שנושאות אתכם ממקום למקום, לידיים שחשות, שמחבקות, שיוצרות, שנוגעות, שמחברות, שמביאות, שמאפשרות. הודו

לכל תא ותא שעובד הוא בסנכרון עם התאים כולם, הודו לעור שמגן עליכם ויוצר הפרדה ביניכם לבין העולם, הפרדה לא אמיתית, שכן אחד אתם, אך בעולם חומר זה, צריכים אתם גם להבין הפרדה מהי כדי לחוות אחדות שוב.

הרי כולכם באתם מהאלוהות האחת, מהמקור – מאיתנו, וחלקים אתם של אותו אחד יחיד ומיוחד וביחד מרכיבים אתם את השלם, שיופיו ומרהיבותו עולה על סך חלקיו. בדיוק כמו הגל הבודד שככל שיפה ומדהים ומיוחד הוא, חלק אחד ויחיד, ביטוי של האוקיינוס כולו. כך גם אתם, כל אחד ואחת מכם ביטויים ייחודים ויפהפיים של האלוהות האחת, הבריאה הגדולה, המקור. כן, אישה יפה שאת, גם את. ואין מישהו טוב יותר, אהוב יותר, בריא יותר, לכולכם אותן היכולות, אותן האפשרויות, אותן הבחירות, כל הבחירות, הכול פתוח והבחירה תמיד בידכם.

ראי את המים הזורמים באגם שמתחתייך. כשם שאינך רואה כרגע בעינים הפיזיות את המים הרבים מתחת לביתך, הם כבר פה מתהווים להם ובעולמכם, משום שמוגבלים אתם במחשבתכם לזמן ומרחב, ייתכן שאינך עדיין יכולה לראות זאת, אך הם כאן! בשפע רב.

הערת המחברת:

בשנה האחרונה אני מתגוררת בסמוך לאגם מקסים ושופע. אך בימים אלו של כתיבת הפרק הזה, האגם תחת ביתנו יבש כולו, עקב מיעוט גשמים במהלך הקיץ ובגלל הטמפרטורות הגבוהות. הדבר הלך והחמיר ולא היה זכור יובש כזה באזורנו שנים רבות. בעקבות המסרים והמידעים שהועברו לי, ישבתי פעמים רבות במדיטציה ודמיינתי שוב ושוב כיצד אני שוחה במים, כיצד הסירה שלנו עוגנת שוב ברציף המיועד לה, כיצד הכול שופע ומלא. כעבור חודשיים, ותוך שבועיים בלבד, עלה האגם והתמלא וחזר להיות עשיר במים כמו שהיה בימיו הטובים. הדבר נראה בלתי אפשרי, אחרי חודשי היובש המדכאים והנוראים שחווינו פה ושהלכו והתרחבו.

בדיוק כפי שאינך רואה את השפע שהוא את, שפע האנרגיה האינסופי שניחנת בו הוא תזכורת לך, שהכול כבר קיים בתוכך. לאחד זו אנרגיה, לאחר – יצירה, לשלישי יכולת תכנון, לרביעי בנייה, לחמישי חיבור, לשישי הרכבה, לשביעי לימוד וכך הלאה וכך הלאה.

מתנותיכם טמונות בכם, בשפע אינסופי המחכה להתפרץ החוצה, כמו מפל הסתום עם סכר, כך גם אצלך, ידע אינסופי טמון בך וזמין עבורך ומחכה לצאת ולשטוף נשמות רבות, אך כעת חסום הוא מעט, כמו משהו החוסם את הסכר וכאשר תסכימי להזיז, לבטל, לשחרר את כל החסמים, השפע ינזל וימלא מכל הכיוונים בלי מעצורים, ככל שתגדלי כך יגיע עוד.

אבל כיצד חוסמת אני?

שואלת את, יפתי, כן שאלה טובה ומהותית. נדמה לנו כי עדיין חוששת את ממשהו. יודעים אנו שאינך מפחדת מהמוות, אולי הפחד שעולה בך הוא מאיבוד הדעת? יודעים אנו וזוכרת את שחווית זאת בגלגולים רבים, אשר בהם סבלת והתענית בגוף הפיזי, למרות שתודעתך הייתה גבוהה. היה זה בעידנים שבהם המידעים שהיו ידועים וגלויים לך נחשבו לכפירה בדת ועל כן סבל רב חרוט בנשמתך.

מזמינים אנו אותך לקבל את הפחד מאיבוד הדעת ולאהוב אותו, שכן הוא חלק שטמון בך, אך הפעם אנו איתך, גופך חזק ואיתן, בריא ומוכן לקבל כמויות אור בלתי נלאות, ככל שתמשיכי בעבודתך, בהתכוונותך אל האור והבאתו לחיים אלו, כך גופך יגדל כמכל המכיל הכול, "היכל־יה" – מכל יה, המילים הללו נאמרו לך בעבר, וחוזרים אנו עליהם, שכן מכל לה' את' וכלי, ויכולה את להכיל את כל היש וגם לתת אותו הלאה לבריאה כולה. הסירי כל חשש מליבך, בקשי את עזרתנו בכל עת להסרת הצעיף המפריד בינינו לביניכם, על מנת להוות את הבריאה בכוליותה.

היי ברוכה אשת אור אהובה, מברכים אותך, צופים בך ומתפעלים מתודעתך הרחבה, שיכולה היא להכיל כה הרבה מכיוונים שונים ואין רע בכך אהובה, מגבירה את את יכולתייך.

הודיה אנו שולחים לך ולכל הבריאה כולה!

מדיטציית GPS = הודיה קוונטית

למדיטציית ההודיה הזו יש שני שלבים. השלב הראשון מתבסס על תרגול הודיה בשלושה תחומים, כללי, מקצועי ואישי, ועבור כל תחום אנו בוחרים שלושה דברים ומודים עליהם: אפשר פשוט לתרגל את השלב הזה בכל בוקר או בכל ערב, או בשניהם, וכך בקלות להכניס עוד ועוד הודיה לחיינו.

לדוגמה:

G (General) – כללי

אני מודה על מזג האוויר הנפלא היום, מודה על הבוקר שהגיע ועל שנשמתי שבה לאפי, על העצים הירוקים המתנשאים מבעד לחלוני

P (Professional) – מקצועי

אני מודה על הבתים המדהימים שבבעלותי, מודה על כתיבת הספר הזה, מודה על הלימודים שאני לוקחת בהם חלק להמשך ההתפתחות שלי.

S (Self) – אישי

מודה על הזוגיות שיש לי, על הילדים המדהימים שלי ועל הגוף הבריא, החזק והגמיש שיש לי.

זה הפשט של התרגיל ושוב אני חוזרת ומדגישה שהוא חזק

ומשמעות וככל שנודה יותר, נוכל להגדיל את כלי הקיבול שלנו ולהכיל עוד לתוכנו ולחיינו.

ועכשיו בואו נלך שלב נוסף, קדימה, לעבר פיזיקת הקוונטים. לתרגיל הזה אני קוראת "הודיה קוונטית" והוא מתבסס בין היתר על תרגול דומה של המורה האהובה שלי ג'איט פדר. אנחנו עדיין עושים שימוש באותו המבנה הלקוח מהשלב הראשון, רק שהפעם, מה שאני בוחרת להודות עליו, כביכול עדיין לא קרה.

רגע, בואו נדייק זאת, שכן הכול כבר כאן. הדבר שעליו אני בוחרת להודות עדיין לא נראה בעיניי הפיזיות או במציאות הפיזית של חיי, אבל אנחנו כבר יודעים שאין זה אומר שהוא לא קיים או אפשרי. נדבך נוסף שמתבקש כאן הוא שאני משתמשת בדמיון שלי כדי לראות ולהרגיש את הדבר הזה כשאני מודה עליו. אלה לא רק מילים, אלא תמונות, תחושות והכי עוצמתי – רגשות.

הנה שוב הדוגמה:

G **כללי** – כאשר אני כותבת שורות אלו, המתח בארץ רב מאוד. עדיין יותר מ־100 אנשים, נשים, גברים ושני תינוקות נמצאים בשבי החמאס, ואני מודה שוב ושוב על שחרורם, על הגעתם הביתה, יכולה לראות אותם חשים מים נקיים על גופם כשהם במקלחת בביתם, את התחושה של המגע והחיבוק עם אמא, האושר, ההתרגשות והדמעות בעיניים של שמחה שאין דומה לה.

P **מקצועי** – נניח שמתוכננת לי סדנת קקאו, ריקוד וריפוי בצלילים באגם בשבוע הבא. אני בוחרת כבר עכשיו להודות על מזג האוויר המושלם שמתקיים ביום הסדנה, ועל סדנה שמלאה בנשים מהממות. אני יכולה לראות בעיני הדמיון שלי את הנשים רוקדות, את ההנאה, את החיבור לטבע ולעצמן, ולחוש את האושר שזה גורם לי ובתוכי.

S אישי – אני מארחת היום את כל המשפחה לארוחת ערב מקסיקנית חגיגית, לכבוד יום ההולדת של בני הבכור. בהודיה קוונטית בתחום האישי אני כבר עכשיו אודה על ארוחה מלאת מטעמים מעולים, אווירה טובה והנאה גדולה מהארוחה ומהביחד שלנו אבל יותר מזה, אני יכולה ממש לחוש בטעמים של המאכלים, לחוש ולדמיין את האווירה.

כולי תקווה שהדוגמאות הללו ממחישות מספיק עבורך, כך שכעת באפשרותך לתרגל זאת על כל דבר בחייך. ככל שנתרגל יותר, כך הדבר יהפוך טבע שני ויהיה קל יותר. וכן, גם אני לא מתרגלת הודיה כל יום באופן קבוע, אל אף שהייתי רוצה. לעיתים יש תקופות שזה ממש נוכח בחיי ברמה היומיומית, לעיתים פחות, אבל ללא ספק עצם ההתעסקות בהודיה מייד משנה את התדר בתוכי ואני חווה את העולם ואת המציאות היומיומית ממבט אחר, ורוד יותר.

סוף דבר: אתם הנס, אתם האהבה

תקשור 2022, ארה"ב – שונות ושוויון

ברוכה אהובה, שווה את גם שווה, המילה שווה כל כך מורכבת היא ובה טמונות קונוטציות שונות, כי מהו שוויון? שכולם יהיו אותו דבר?

לא כך הדבר, אם כי במובן מסוים אכן כולכם שווים אתם בפני האחד, כי חלקים שונים של אותה אחדות אלוהית היא מה שמכילים אתם. מצד שני, כל אחד ואחד מכם שונה הוא באופיו, בצורתו, בכשרונותיו ועדיין, שווים אתם בחשיבותכם, בחלקכם בתמונה הגדולה של היקום, של הבריאה, אך כל אחד ואחד מכם בחר והתגשם בגוף בכדור ארץ זה, כדי להביא חלקים אחרים מאותו השלם, מאותה האחדות. בדיוק כמו טיפה באוקיינוס, אם ניקח את אותה טיפה, נמצא בה את כל הרכיבים שנמצאים באוקיינוס כולו.

אז מהו אותו שוויון?

מדוע חשים אתם שאינכם שווים מספיק?

שווים למה? למי?

שווה או בעל ערך. כל יצור פה בבריאה הוא בעל ערך, ומה הוא ערך זה? את זה עליכם ליצוק לתוך חייכם, לכן אין האחד יכול להעיד ששווה הוא יותר או פחות, שכן הוא רק חלק אחד מהבריאה כולה, ורק יחדיו כל החלקים שווים ועולים על סף חלקיו.

מבלבלים אנחנו אותך? ייתכן.

אין ליאת והעולם, הכול אחד, הכול מאוחד וכל שעושה את משפיעה על כל הסביבה, על כל חייך, על כל האנושות, נשמע מגלומני, אך כך הוא הדבר עבור כל נשמה ונשמה שנמצאת כאן.

חושבים אתם שחיים אתם את חייכם, וזה נכון, אך כל מילה, כל מחשבה, כל מעשה, יש להם השפעה על כל הסובב וכך בעצם פועלים אתם ברשת אינסופית של קשרים הנטווים עוד ועוד בכל רגע ורגע. כאשר משקיטים אתם את המיינד האגואי בעזרת מדיטציה, ריקוד, יוגה, תנועה, או כל כלי אחר, מסוגלים אתם להתחיל לקלוט את הרשת האינסופית הזו, השדה הזה, שדה האפשרויות הבלתי מוגבלות. שכן בו הכול, גם מה שאתם יוצרים כעת, כל מה שיצרתם בעבר וכל מה שיכולים אתם ליצור בעתיד, הכול כבר שם – כלומר פה, ואתם? מה עליכם לעשות? רק לבחור, אך לא במילה או בהבעת המילה "רוצה אני" שכן זה דוחה את הרצוי, רק בהרגשה, בדמיון, בראייה של הדבר הרצוי כאילו הוא כבר כאן. כל כך פשוט.

תקשור 2023, ארה"ב –
את בחרת את הכד שלך

נשמי יקרה והיי עמנו, ברוכה הבאה ברוכה את ברוכה תהיי. חנוכה זה על שום מה הוא? כבר כמה ימים רוצים אנו להעביר לך מסר זה כדי שתוכלי להפיצו לכל עבר. הוא לא על שום אותו סיפור בית מקדש מימים ימימה, ואולי כן שם הוא החל. הוא על סיפור הנס שהוא אתם, את וכל אחד ואחת מכם, נשמות בגוף אנוש, נס אתם, נסים אתם, נסים של אור, של האלוהות שנושאים אתם בתוך גופכם, בתוך נשמתכם.

הגוף הוא רק המכל, כמו אותו כד שהכיל את השמן ואפשר לאור

לדלוק עוד ועוד, גם כשחשבו שהסתיים, שאין, שהיה חסר, כך גם נשמתכם, לעולם אינה חסרה היא. היא מקור אור אינסופי שזורם וזורם ומאיר ומחובר אל המקור שהוא אנחנו, שהוא אתם, אל הבריאה שמקיפה אתכם.

אינסוף אור ואהבה זורמים ממעל למטה והאם הכלי שלכם, הכד שהוא אתם, מוכנים לקבלו? יודעים שהוא קיים בכלל ושאינו נפרד מכם אלא הוא חלק ממהותכם האלוהית?

קחי נשימה, נשמה אלוהית שאת, השקי עצמך באור ובאהבה שזורמים כעת. אין שום דבר לעשות, רק להיות, לעצום עינים, להרים עיניכם מעלה לעין השלישית שבין הגבות, לשקוט ולהיות כלי קיבול לאור האינסופי, לאהבה האינסופית, ליופי האלוהי, לרכות, לקלות, לשפע, לשמחה, לכל מה שזקוקים אתם. הכול קיים, הכול בכם, רק כשתסכימו לקבל מהמקור, אולי תיזכרו שאותו המקור גם מצוי בכם, פשוט שכחתם.

אהובה שאת, אהובים אתם, מצויים אתם לרוב בשכחה, חלקכם נזכרים, אין זה אומר שעליכם לעזוב, לעשות משהו קיצוני, רק להתעורר למהותכם הנשמתית האלוהית שהיא אתם, תמיד הייתם, ותמיד תהיו.

מדוע איננו מגיעים עם הזיכרון הזה?

שואלת את. שאלה טובה אהובה, משום שאם הייתם מגיעים עם זיכרון זה, לא היה נותר לכם מה לעשות, לאן להתפתח ומה לחוות.

הסיבה הראשונה שבשלה בחרתם להגיע לכאן דווקא, לכדור ארץ, בגוף אנוש, הייתה הרצון לחוות ולהתנסות בגוף בממד שלוש. ישנם ממדים רבים אחרים שבהם הייתם יכולים, או יכולים אתם להיות, שבהם זוכרים אתם את מהותכם האלוהית וחיים אתם את האחדות. אך ברובדים אלו אין התנסויות וחוויות, אין שיעורים או התפתחות, יש אחד עם הכול, אחד עם האור, אחד עמנו.

הערת המחברת:
בעולם הרוח נוטים לראות את העולם כמחולק לממדים־רבדים שונים. עולם הדומם הוא הממד הראשון, עולם החי והצומח הוא הממד השני ואילו, אנחנו, האנושות, חיים ופועלים בכדור הארץ, בממד שלוש. מעבר לממד שלוש, מתקיימים רבדים גבוהים ורבים שעינינו הפיזיות עדיין לרוב אינן יכולות לקלוט.

הרבדים הללו תמיד פתוחים בפניכם וחלקכם יכולים לבחור לשהות בהם, אך מי שכאן כעת בגוף בחר הוא ספציפית את גופו, את "הכד שלו," על מנת לבוא ולהיזכר בשמן הבלתי נדלה שממלא אתכם ואשר משמר את האור בתוככם ובסביבתכם.

מה עלינו לעשות על מנת להיות "כד" טוב יותר?
על מנת להכיל עוד ועוד שמן ולהאיר עוד ועוד?

השמן משול לפראנה, אותה אנרגיית חיים המצויה היא בשפע תמיד בתוככם וסביבכם, מלבד מקומות מסוימים בעולמכם, ששם היא יותר חסרה. אך זהו אינו המקרה ברוב המקומות. כפי שציינו, הפראנה – שהיא אנרגיית החיים – היא השמן שמצוי בכם, ממלא אתכם וסובב אתכם באינסופיות, בהתחדשות.

עליכם להיות יותר מודעים למעשיכם, לגופכם ולמה שממלאים אתם בו את מהותכם, על מנת להיות כלי נקי יותר, כך שיותר פראנה תהיה זו שתמלא אתכם ולא חומרים פיזיים או מנטליים אחרים, שידחקו את הפראנה החוצה או שיגרמו ל"קשרים" אנרגטיים ולתקיעויות.

כאשר מטפחים אתם את גופכם, את בריאותכם בכל הרמות, את הכד המופלא שהוא אתם, הפראנה = שמן אינסופי ממלא אתכם והכלי שלכם, הכד, הופך לנקי יותר, טוב יותר ומוכן יותר לקבל את קודי האור, את הידע הגבוה, את ההיזכרות, את ההתעוררות, להגשמה הגבוהה של נשמתכם. כך, השמן לא יספיק רק ל־8 ימים כי אם לחיים שלמים ומיטביים!

נס אתם, ברוכים אתם, בוראים אתם, אהובים אתם.

כשתכירו בנס שהוא אתם, כל מהותכם תחוש בכל נס ונס סביבכם ובחייכם, הכול נס הוא: הכלב שהולך לידך, המוסיקה ששומעת את ומשנה את התדר בגופך, הילד והילדה שלך שנוצרו ממך ומבן זוגך, הבית שמגן עלייך, המילה שכותבת את כמשתכוונת את לקולנו, ידייך המייצרות כל כך הרבה אוצרות, ליבך הפועם אהבה, המתרחב ונפתח עוד ועוד, ללא גבול בכלל, השפע בתוכך, סביבך.

את הנס, אתם הנס, אתם האור, אתם אנחנו,
אנחנו אתם, אתם האהבה.

זה נעשה זה נעשה זה נעשה
תודה תודה תודה.

אחת עם הבריאה | ליאת פיליפסון

אני גז של אהבה,
אחת עם הבריאה,
הכול ולא כלום.
אני אישה, גבר, ומה שביניהם.
הודיה, והבריאה כולה.
אני קשת, גשם, ענן ועננה.
אני התכול של הרקיע, וקרן האור המפציעה.
אני ההתרחבות וההתכווצות,
הנשימה והנשמה.
אני אתה, ואת, והוא והם,
אני כל הברואים באשר הם.
אני אני, מעבר לגוף הפיזי שמקיף אותי.
אני הזמן שמתכופף לשם ולכאן.
אני הנקודה והחיבור אל כל היש,
אני המים, הרוח, האדמה והאש.
אני הצבע הלבן, שבו חבויים כל הצבעים.
נוכחת בכל הדברים כולם,
ויחד עם זאת נפרדת, כדי להכיל את העולם.
אני הרוח הגדולה, הבריאה כולה,
נקודה סינגולרית שאת הכל מכילה,
אחת עם הבריאה כולה.

ספר אף פעם לא נגמר, הוא רק עוצר במקומות מעניינים.

תודות

רשימת התודות היא ארוכה ומגוונת.

ברור הדבר, שאילו לא היו נפגשים **אמי ואבי הביולוגי**, באותה תחנת דלק בפאתי נתניה בשנת 1971, לא הייתי כאן וכך גם לא היה הספר הזה. אז ראשית תודה להם, שבחרתי בהם להביאי לאוויר העולם.

תודה לאבי השני, שכנראה גם אותו בחרתי מבעוד מועד, להשלים את משימת מלאכת הגידול שלי ולקחת את תפקיד האבא שלי, והסבא לילדיי.

תודה מיוחדת לאמי, שצועדת לצידי עד עצם היום הזה, ושמהווה עבורי, ועבור כולנו, דוגמה לכך ש"לחלומות אין פג תוקף", כך היא תמיד אומרת ופועלת. היא הייתה עבורי השראה, כאשר הוציאה לאור את ספר הביכורים שלה "ממשותם של החיים" בגיל שבעים.

תודה לדוד, אישי, בן זוגי, שעומד לצידי כמו עוגן חזק ואיתן כבר למעלה משלושים שנים, בכל סערות החיים וגם באוקיינוס השקט שלהם, **ולשלושת ילדיי, תום, יהלי ובן**, שאהבתי אליהם וגאוותי על מי שהם הופכים להיות, אינה ניתנת לכימות במילים.

תודה מעומק ליבי למורים הרבים והאהובים, שליוו אותי בעשרים וארבע השנים האחרונות, מאז שפסעתי את פסיעותיי הראשונות בעולמות הרוח ועד היום.

הרשימה היא ארוכה, אך אזכיר כמה מהמורים שהשפיעו מאוד על מהלך חיי ותודעתי.

רשימת המורים בארה"ב לפי סדר האלף־בית:

Brandon Bays – The Journey
Dr. Daniel Brown
Dr. Judith Lassatar
Dr. Micheal Beckwith
Drunvalo Melchizedek
Gail Grossman
Geeta Iyengar
Gurmukh Kaur Khalsa
Lee Carroll – Kryon
Lisa Bondy
Marisa Peer
Vianna Stibal – Theta Healing
Vishen Lakhiani – MindValley

רשימת המורים בישראל לפי סדר האלף־בית:
אריאנה ישראלי ז"ל
איילת סגל ונורית טבנקין – טלוס למוריה ישראל
ו'איט פדר ואורי נצר – האקדמיה להיזכרות
חנה אבני – מרכז אבני
נורית כהן – מרחב מודעות
ענת קופרמן – האור הפנימי
פריידי מרגלית ואלימור הניג – מרחב מודעות
רחל וילוג'ני – יוגה עם רחל
ד"ר שלומית תמיר – בראייה אחרת: **אירידוסופיה**

הודיה גדולה לדנה נעמי בן שלומי, שסייעה לי ליצוק את המבנה של הספר ולדייק אותו.

תודות לאלינה מירקין, שהייתה האישה והנשמה הראשונה על

פני האדמה הזו, שלה הקראתי חלקים מהיצירה, שהייתה עדיין בהווייתה, ואשר יצרה עבורי מרחב מכיל, תומך ופורה להמשך ולסיום הכתיבה.

ולסיום, **תודות לענת בר־לב אפרתי**, על שלקחה לידיה את העריכה של כתב היד הזה והפיכתו לספר נגיש, מסקרן ומרתק גם עבורך, וגם עבור מי שאולי עושה את צעדיו הראשונים בשבילי הרוח.

ולסיום, ואולי זו הייתה צריכה להיות התודה הראשונה:

תודה לבורא עולם, לאלוהות, ליקום, לשדה, לבריאה, לאנרגיית המקור, על שבחרה להתגלות בפניי, ולהעביר דרכי ובאמצעותי את המידעים והמסרים הללו, לטובתי העליונה, ולטובתם של הברואים כולם.

תודה, הללויה.

המלצות

אני שמחה לשתף ברשימת ספרים שפתחו והרחיבו את תודעתי:

"אוטוביוגרפיה של יוגי", פרמהנסה יוגאננדה, הוצאת אבן חושן, 2006 תרגום: שחר לב (דיויה)

"ארץ חדשה", אקהרט טול, הוצאת אופוס, 2006, תרגום: ליאורה כרמלי

"המסע", ברנדון בייס, הוצאת פראג, 2018 תרגום: ליאת זינגר, רקפת בר־קמה

"הסוד", רונדה בירן, כנרת בית הוצאה לאור, 2007 תרגום: אירית מילר

"התקדשות", אליזבט הייך, הוצאת חדקרן בית השראה, 1987 תרגום: אליעזר קלינמן

"יום אחד פשוט", יעל ברוך, הוצאת נוצה וקסת, 2009

"יוגהובריאות", אליזבט הייך, סלבראג׳ן יסודיאן, הוצאת חדקרן בית השראה, 2022 תרגום: לילי חדר

"כוחו של הרגע הזה", אקהרט טול, הוצאת פראג, 2022 תרגום: עדית בן פורת

"כוחו של התת מודע", ד"ר ג׳וזף מרפי, הוצאת אור־עם, 2000

"כוחם של צירופי המקרים", דיפאק צ׳ופרה, הוצאת מודן, 2005 תרגום: ברוך גפן

"גן עדן זה כאן", פריידי מרגלית, הוצאת ידיעות אחרונות וספרי חמד, 2021

"מסר האנשים האמיתיים", מרלו מורגאן, הוצאת אופוס, 1999 תרגום: נעמה יונג

"שיחות עם אלוהים", ניל דונאלד וולש, הוצאת אופוס, 1997 תרגום: עידית שורר

"שיעורים ושורשים בזמן", ד"ר בריאן ל. וייס, הוצאת מרקם, 1996

"שנים עשר רובדי ה־DNA – המאסטריות שבפנים, מחקר איזוטרי קריון ספר 12", הוצאת אהבה, 2010 תרגום: סמדר ברגמן

"תטא הילינג", ויאנה סטייבל, הוצאת מעוף, 2010

55569174R00107

Made in the USA
Columbia, SC
24 March 2025